레드 로자

만화로 보는 로자 룩셈부르크

케이트 에번스 지음 · 그림
폴 불 편집
박경선 번역
장석준 해제

RED
ROSA

산처럼

일러두기

1. 이 책은 Kate Evans의 *Red Rosa: A Graphic Biography of Rosa Luxemburg*(Verso, 2015)를 완역한 것이다.
2. 외래어 인명과 지명은 국립국어원의 외래어 표기법을 따랐다.
3. 본문에 설명이 필요한 부분에는 주를 달아 옮긴이라고 표시했다.

레드 로자
만화로 보는 로자 룩셈부르크

차례

여기 나오는 내용은 실제 사건들을 허구적으로 재구성한 것이다. 여러 인물과 상황 표현을 위해 사진 자료를 활용하기도 했다. 이탤릭체로 표기된 부분*은 로자 룩셈부르크의 글에서 직접 인용한 것이다. 간결하게 줄여서 편집해 넣은 경우에는 책 말미의 주석에 전문을 다시 실었다. 또한 등장인물 사이에 주고받은 대화들은 대부분 로자가 실제 했던 말을 이용해 구성한 것이다. 본래의 표현과 맥락 역시 말미에 다시 실었다. 179페이지 안에 로자의 풍요로웠던 삶을 그대로 압축해 넣으려다 보니, 사소한 사건들을 생략하거나 지엽적인 몇몇 인물들을 한데 합쳐 등장시키기도 했다. 극적인 효과를 내기 위해 사건의 연대기적 순서를 바꾸어 넣은 곳도 몇 군데 있다. 역사적 기록에서 벗어난 부분에 대해서는 주석에서 자세히 설명해 두었다.

*원서는 이탤릭체로 구분했으나 한국어 번역에는 인용문 표시(" ")로 통일했다.

1871년 3월 18일 토요일,
파리 민중이 봉기하여 도시를 장악한다.

평범한 남녀노소로 이루어진 파리코뮌이
자유, 평등, 박애의 실험을 시작한다.

파리코뮌은
두 달간 존속되다가
프랑스 정부군의
무자비한 학살로 막을
내린다.

한편 폴란드의 작은 도시 자모시치에서는...

에드워드, 막스랑
요제프를 데리고 있어요.
미콜라이는 어딨지?
자, 우리 딸 안나는
막내 그만 쳐다보고
미콜라이 좀 찾아봐 주렴.

리나!
에드워드!

막내 태어난 거 축하해요!

딸이죠?
태어난 지
얼마나
됐어요?

내일이면 2주예요.

어디 좀
보자!

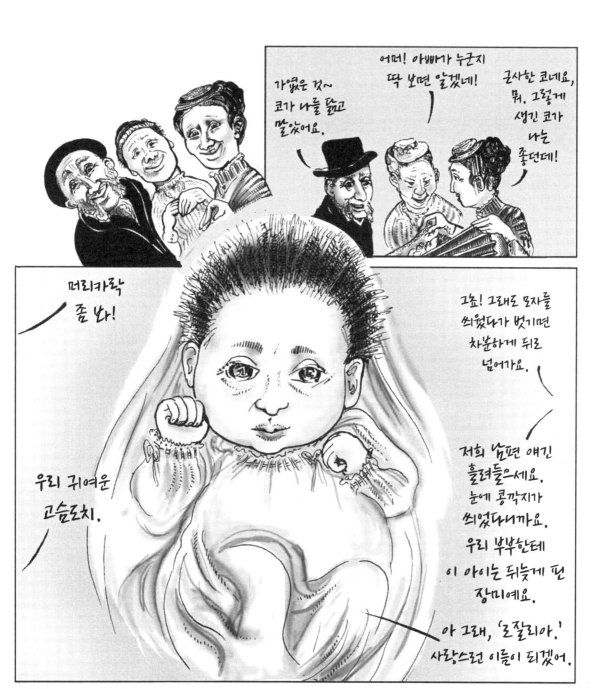

로자 룩셈부르크의 어린 시절에 대해 우린 뭘 알고 있을까?

우리가 얻을 수 있는 건 몇 안 되는 정보의 파편들뿐이다.

짹짹

로자의 가족은 그녀가 세 살 되던 해에 바르샤바로 이주한다.

그들은 즈워타 스트리트의 어느 아파트에 세를 든다. 즈워타 스트리트는 유대인 구역이 아닌 고급 주거지역이다.

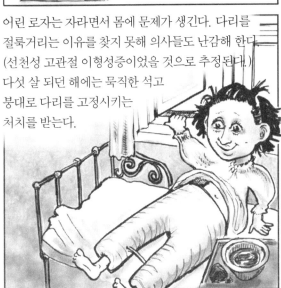

어린 로자는 자라면서 몸에 문제가 생긴다. 다리를 절룩거리는 이유를 찾지 못해 의사들도 난감해 한다 (선천성 고관절 이형성증이었을 것으로 추정된다.) 다섯 살 되던 해에는 묵직한 석고 붕대로 다리를 고정시키는 처치를 받는다.

어린 로자는 키가 자라지 않는다.

어른치고는 유난히 덩치가 작다면 어린 시절 영양실조를 겪었을 가능성도 있다.

반유대법이 여러 세기 동안 지속돼 온 탓에 에드워드가 일자리 구하는 데는 제약이 있다. 죽도록 열심히 일하지만 돈벌이는 신통치가 않다.

리나! 냉정하라고!

냉정? 참을 수가 없어! 집 발리는 데 돈을 다 썼어, 더 못 쓴다고. 뭘로 먹고살아? 막스 부츠도 사줘야 하고! 요제프도 부츠가 없다고! 로자는 석고 붕대로 하고 있어, 병원에 돈도 내야 해. 돈으로 내 다리라도 잘라내?

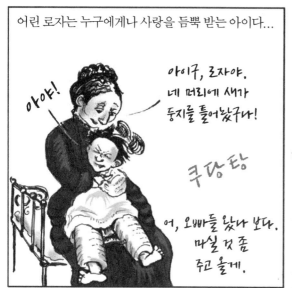

어린 로자는 누구에게나 사랑을 듬뿍 받는 아이다...

아이구, 로자야. 네 머리에 새가 둥지를 틀어놨구나!

아야!

쿠당탕

어, 오빠들 왔나 보다. 마실 것 좀 주고 올게.

...그리고 모두 그녀를 진심으로 응원한다.

로자야 잘 있었어?

오빠들한테 시 좀 읽어줄래? 자, 여기 『판 타데우시』.*

*폴란드의 낭만주의 민족 시인 아담 미츠키에비츠가 1834년에 발표한 서사 시집.―옮긴이

로자네는 돈은 없어도 문화적으로는 풍요롭다.

"오 폴란드 내 조국이여, 그대는 건강과도 같아서 그대를 잃어버리기 전까지는 얼마나 소중한지 알지 못했네."

로자 진짜 똑똑하지?

응. 여자아이로 태어난 게 아까울 정도야.

바람 좀 쐬고 오자.

양말은 내가 신겨 줄게.

그리고 다들 교육을 통한 향상을 굳게 믿는 사람들이다.

통

통

통

막스! 요제프! 어디 가니? 로자 데리고 어디 가?

엄마, 도서관 가요.

그래, 다녀오렴.

9

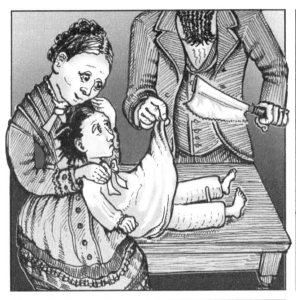

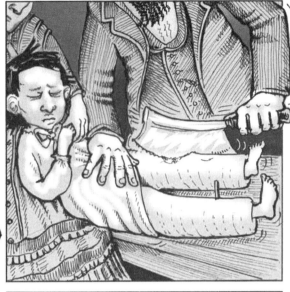

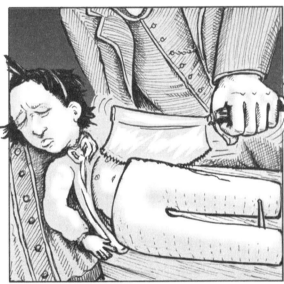

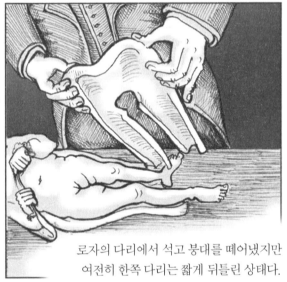

로자의 다리에서 석고 붕대를 떼어냈지만 여전히 한쪽 다리는 짧게 뒤틀린 상태다.

평생 다리를 절게 된 것이다.

마사지를 해주면 좀 자랄 수도 있어요. 자, 부인 이제 치료비를 주시죠.

10

열 살이 된 로자는 지배국의 언어인 러시아어, 조국의 언어인 폴란드어, 종교의 언어인 히브리어, 거기에다 독일어까지 말하고 쓰게 된다.

최고의 일류 학교에는 러시아 아이들만 다닌다...

하지만 로자는 제2김나지움에 장학생으로 입학한다.

유대인들이 갈 수 있는 곳은 많지 않다. 늘 더 엄격한 제한을 받는다.

어린 로자는 열심히 공부한다.

줄에 걸려 넘어질 여유조차 그녀에게는 없었으니까.

엄마! 독일 황제를 만나기 위한 시를 쓰는 게 시 숙제였어요.

"그리하여 우리는 마침내 당신을 봅니다, 서구의 실력자시여."

오, 그래.

"그러나 정의를 포하러 온 것처럼 가식을 부리진 않을 거예요. 나는 당신 같은 이들에게서 인정을 받는 것에는 조금도 관심이 없으니까요."

"정치 문제라면 난 아직 풋내기에 불과하죠. 그러니 긴 얘기로 시간을 낭비하고 싶지 않네요. 하지만 이것만큼은 잊지 말아 주세요, 발헬름 황제여."

"그 불길한 모습으로 다가오는 폰 비스마르크에게 말해줘요. 평화의 바지에 구멍을 뚫어 부끄럽게 만드는 짓은 하지 말라고요.

유럽을 위해 그렇게 해주세요, 오 서구의 황제여!"

그게 숙제라고.

오 이런, 이런.

에드워드, 얘가 지나치다고 말하는 거라면, 난 반대예요. 교수대 올가미에 비하면 아무것도 아니죠.

로자 부모의 걱정은 현실이 된다. 차르가 통치하는 폴란드에 정치적 자유란 없다. 반대는 용인되지 않는다.

로자가 열네 살 되던 해, 교수형 당한 사회주의자 네 명의 시신이 바르샤바 성채 입구에 매달린다.

사회주의 세력에 새로운 인물들이 유입되는 것을 막기 위한 것이었는데, 이 장면이 로자의 호기심을 자극한다.

나도 조랑말이 한 마리 있으면 좋겠어. 아빠는 언니 것을 타라는데, 그건 다르잖아.

맞아.

바르샤바는 제정러시아 산업의 중심지다.

엄청난 부와 극도의 빈곤이 아슬아슬하게 맞닿아 있는 곳이다.

현실에 눈뜬 로자에게 그게 어찌 보이지 않을 수 있을까?

13

당연히 가난한 사람들은 우리랑 느끼는 것부터가 다르다고. 우리가 저렇게 살아야 한다면 정말 끔찍할 거야. 하지만 저 자들은 별 상관도 없지!

맞는 말이야!

나는 너무 히 가진 자들의 양심에 짐을 지우고 싶다. 그 모든 고통과 남몰래 흘리는 쓰라린 눈물의 짐을.

로자는 성적이 우수했지만 '태도가 반항적'이라는 이유로
졸업식에서 금메달을 받지 못한다.

여성이 더 이상 교육 받을 길은
가로막혀 있다. 어떻게 해야 하나?

이 자그마한
열다섯 살
소녀의 등장이
상당한 파장을
일으킨 게
분명했다.

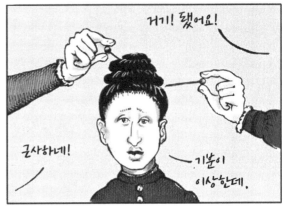

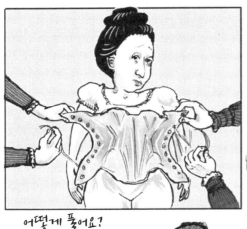

로자는 수많은 제약에 부딪힌다.

법적으로 여자는 우선
아버지의 소유이고, 그다음으로는
남편의 소유가 된다.

여자들은 결혼 시장에서 거래되는
상품이나 마찬가지다.
로자가 갖춰야 할 것은...

...넉넉한 지참금...

...그게 아니라면, 우아한 몸가짐,
여성적인 매력,
순종과 노력...

...하다못해 허드렛일이라도 열심히 해낼
힘과 끈기, 그리고 아이를 많이 낳을 넉넉한
엉덩이라도 있어야 한다.

여성으로서의 가치를
기입하는 장부에는
로자의 최대 장점인
뛰어난 지적 능력은
쓸 데가 없다.

로자는 유대인이다. 반유대주의는 도처에 널려
있다. 차르 치하의 국가에서는 인종격리가 이루어져
'모자이크 신앙'을 지닌 폴란드인들은 게토와 슈테틀*에
격리된다.

*과거 동유럽에 있었던 소규모의 유대인 마을. —옮긴이

유대교인은
유대인 정착 지역에만
있어야 함

유대인들은 전부 모스크바와
상트페테르부르크에서 추방됨

유대인에게는
대출 불가

유대인들의 주류
판매는 이로써 금지됨

유대인들은
일요일과 기독교
축일에 장사할 수
없음

교육기관 내
유대인 비율은
10%로 제한

유대인들은
지역 선거권
없음

비밀경찰이 학살을 주도한다. 즈워타 스트리트에서
한바탕 인종차별적 폭력이 벌어진다. 바르샤바의
여자들은 강간당하고 남자들은 유대인이라는
이유만으로 살해당한다.

마르크스에 따르면, 세상의 신들은 모두 '안개 자욱한 인간의 머릿속'에서 만들어낸 것이다.

하늘아버지가 랍비이니, 숙녀분은 양안을 깨끗이 헹구게 될 거요.

게토에는 특별히 마음 둘 곳이 없다. 구름과 새와 사람의 눈물이 있는 곳이면 어디든 내 집처럼 느낄 뿐이다.

종교적 신앙이 없다고 해서 로자가 자유를 얻을 수 있는 건 아니다. 그녀의 문화적 정체성은 얼굴에 이미 쓰여 있다. 그녀는 어딜 가나 늘 유대인으로 보일 테니까.

로자에게 예정돼 있던 삶이 어떤 것이었는지 감이 올 것이다. 의무, 굴종, 종교, 순종 같은 것들.

로자는 그걸 인정하는 대신, 혁명 문학이라는 완전히 새로운 세계 속으로 도피한다.

로자, 뭘 읽고 있니?

히르슈가 쓴 도라에 관한 해설요.

좋구나.

우리 동생, 진짜 읽고 있는 건 뭐니?

『공산당선언』!

로자, 뭐 읽니?

시집요, 엄마.

사실 시집 읽고 있는 거 아니지?

물론, 『임금노동과 자본』이야.

『숙녀의 친구』를 읽고 있어요, 엄마.

훌륭하구나.

나 뭐 읽는지 궁금하지?

*책 표지는 '카를 마르크스, 『자본』.—옮긴이

20

로자, 뭐에 관한 책이니?

자본? 흠, 재밌는 주제군.

사물들에 관한 얘기야. 우리가 소유한 모든 것 말야. 이 소금을 예로 들어볼게. 소금엔 두 가지 속성이 있어. 사용가치가 있지. 우리가 사용할 수 있으니까. 음식에다 뿌릴 수 있잖아...

...그런가 하면 교환가치도 있지. 나한테 충분한 양의 소금이 있다고 해봐. 근데 음식을 너무 짜게 만들고 싶진 않아. 그럼 소금을 가져다가 오빠가 가진 후추랑 바꿀 수 있겠지.

모든 건 사용가치와 교환가치가 있어. 하지만 이런 본질적 속성들은 서로 양립할 수 없지.

똑똑한 녀석.

근데 낭비되고.~

퍽!

내가 소금을 먹는 데 사용하고 싶다고 한다면, 오빠랑 교환할 수가 없잖아. 반대로, 교환하고 싶으면 내가 먹을 수는 없는 거지.

동전의 양면 같은 건가?

동전 얘긴 곧 나올 거야.

서로 다른 사용가치마다 본질이 서로 다르지. 소금을 사용하는 건 소금맛 때문이고, 후추를 사용하는 건 후추맛 때문이잖아.

에에취!

서로 다른 교환가치는 양이 서로 달라. 그게 무엇인가는 문제가 안 돼. 얼마나 가졌는가가 중요할 뿐이지.

내가 소금이 넉넉히 있다면 오빠 시계랑 바꿀 수 있겠지.

팽

내가 그 정도로 소금이 많이 필요한지는 모르겠구나, 로자.

아하! 바로 그래서 돈이 생긴 거야.

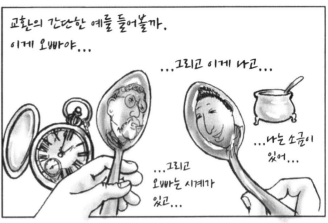

이 책은 단지 사물들에 대해 쓴 게 아냐. 실은 사람에 관한 책이지. 어떤 걸 '가치 있게' 만들어주는 건 뭘까? 가치를 만들어내는 건 사람의 노동이야.

시계를 살 경우 우리는 끝마친 일에 대해 돈을 지불해. 일단은 금을 캐낸 사람, 다음은 세공업자가 한 일에 대해서지. 근데 그 일은 눈에 안 보여. 우리가 말하는 물건의 '가치'란 실은 '일'을 의미하는 거지.

돈이 생기기 전엔 사람들은 직접 얘기를 나눴어. 다른 사람의 노력, 필요, 욕망 같은 것을 자기자신의 것만큼이나 정당한 것으로 받아들였지.

잘 지내요?

필요한 거 있어요?

돈이 그걸 바꿔버렸어. 내가 당신을 좋아하는지는 잘 모르겠어요. 가진 돈이 얼마나 됩니까?

마르크스는 이렇게 적었지. "사람들 사이에는 물질적 관계가 있고, 사물들 사이에는 사회적 관계가 있다."

우리는 물건을 마치 사람처럼 다루지. 물건을 욕망하고, 물건에 집착해. 가치 있는 걸로 여기는 거야.

그것들이 우릴 행복하게 만들 거라 기대하지.

반짝이는 시계가 너무 좋아!

로자, 그 반짝이는 시계를 난 정말로 사랑하는데! 그 하찮은 소금이 들어가기 전에 다시 가져와야겠어.

우린 정작 사람은 물건처럼 다뤄. 사람이 더 이상 사람이 아닌 거야. 그는 세공업자거나 광부거나... 거지이거나...

아니면 주인이거나.

23

음식 사려고 시계를 팔았어. 이제 남은 건 없고 배가 고프네.

잘 봐! 내가 공장을 세웠다!

상징이잖아, 응?

로자, 그거 빵 아냐?

굴뚝을 만들어야지.

그건 샐러린데.

아, 좀 조용히 하시지.

가련한 노동자여, 집세 내고 식구들 먹여 살리려면 얼마면 되겠나?

하루에 6코펙*이오.

일하러 오게! 내가 하루에 6코펙을 줄 테니, 문제는 해결된 거요.

*kopeck. 러시아의 화폐단위로 100분의 1 루블. ─ 옮긴이

이제 공장에서 일을 해, 재료를 물건으로 만들지. 단 6시간 만에 공장 주인을 위해 6코펙어치 이윤을 창출한 거야. 급여로 그만큼 지불된 거지. 근데 날이 아직도 안 저물었어. 8시간을 더 일해. '잉여가치'를 만든 거야. 자기자신을 위해서가 아니라 공장 주인을 위해서지.

이게 자본이야.

나는 돈이 더 생겼어. 공장에 기계를 더 사들일 거야. 그럼 일꾼이 더 필요해. 난 당신 여동생을 고용하겠다. 여자들이 더 싸니까. 당신 여동생에게는 하루에 2코펙만 지불할 거요.

로자, 그게 세상 이치야. 인간의 본성이라고.

과연?

"자연 상태에서 돈의 주인 같은 건 없을뿐더러, 사람의 소유물은 노동력뿐이다. 이런 관계는 자연적인 것이 아니며, 사회적으로도 근거가 없다. 역사상 어떤 시기를 보아도 마찬가지다."

25

그 8코펙만큼의 잉여가치는
지불되지 않은 노동인 거야.

착취지.

노예제야.

자본이란 게
그런 거라고.

가엾은 노동자 숟가락들 같으라고. 하는 일은 엄청 지루하지.
숙련된 기술이나 교역 대신, 교대근무, 야간근무,
삯일을 하고 있어. 과로로 길쩍 죽거나
가난하게 늙어 죽겠지.

하지만 봐!
당신들은
이렇게
여럿이잖아!

같이 뭉칠 수 있어,
당신네들 힘을 깨닫고
압제자들을
뒤집어엎으라고!

쿵...

쿵...

게다가 자본주의는
이렇게 무너질 거야!

치즈케이크가 엉망이 됐구나. 안나가 새로 만드는 중이다.
아버지는 어디 가셨니? 식탁이 엉망진창이네.

숟가락들은 어쩌다 이렇게 됐니? 로자!
빵 가지고 대체 뭘 하는 거야?!!!

너희는 어린애들이 아니잖아!
내가 이래서 십 분도
자리를
못 비운다니까!
하느님은 왜
이런애들을
내게
보내셔서
벌을 주시는 건지!?

그리고 로잘리아 룩셈부르크!
넌 언제쯤에나
숙녀처럼
굴 거니?

로자, 동전
돌려줘, 제발.

첫, 기억하고
있었구면.

아니, 이 자본주의자 같으라고!

낄 낄
낄 낄

간질

간질

26

2년 뒤, 로자는 정치 참여를 못 하게 된다.

나는
맞은편 창을 몰래
건너다보곤 했어.
—아버지가 일어나기 전에 먼저 일어나는 것은 절대 허락되지 않았거든.—

나는 창을
가만히 열고
널찍한 안뜰을
내려다봤지.

모든 게 아직 잠들어 있었어.

...참새 한 쌍이
엄청 시끄럽게
짹짹대며
투닥대는
중이었고,

고양이 한 마리가
보드라운 발로 살금살금
지나갔어.

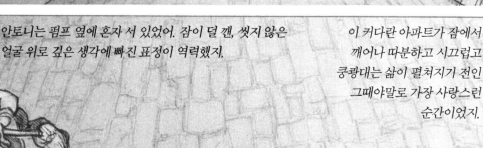

안토니는 펌프 옆에 혼자 서 있었어. 잠이 덜 깬, 씻지 않은
얼굴 위로 깊은 생각에 빠진 표정이 역력했지.

이 커다란 아파트가 잠에서
깨어나 따분하고 시끄럽고
쿵쾅대는 삶이 펼쳐지기 전인
그때야말로 가장 사랑스런
순간이었지.

나는 '삶'이라는 것에 믿음이 있었지. 지붕 너머, 저 멀리 어딘가에 '진짜 삶'이 분명히 있으리라는 믿음...

...저 위로는 달콤한 향을 뿜어내는 분홍빛 구름들이 떠다니다가 곧 도시의 잿빛 하늘 위로 녹아들어 버렸지.

...창유리들은 이른 아침 막 떠오른 금빛 햇살을 받아 반짝였어...

새벽 시간의 엄숙한 정적이 안뜰의 잘 닦인 일상적 표면 위로 퍼져나가고...

너 혼자 우리 가문의 이름을 빛내겠구나.

혼자 남은 로자 룩셈부르크.

감탄할 만한 무모함이기도 했지만, 대단한 용기이기도 했다.

30

새로운 삶을 찾아 새로운 나라로 뛰어든다는 것은
그야말로 대단한 믿음의 도약이 필요한 일이다.

스위스
겨울
1889

로자의 첫사랑은 식물학과 동물학.

그러나 곧 철학, 정치학, 역사학, 경제학으로 눈을 돌린다.
인간 본성에 관한 연구에 마음을 빼앗긴다.

정

반

향상

명 예 혁 명

국제연대

이론적 분석

현실적 운동

마르크스의 사상은 신선하고
흥미롭다. 경제관계와 인간관계에
대한 분석은 놀라우리만치 정확하다.
하지만 그의 글은 그 이상을 장담한다.
자본주의는 정말 필연적으로 붕괴할
운명인가?
노동자들이 연합하고 봉기하여 우리를
압제로부터 해방시킬 것인가?
역사 이론대로, 인간관계는 진보하는가?
물리학이나 화학 법칙처럼 필연적이고
불변하는 것인가?

노동자 계급의 삶

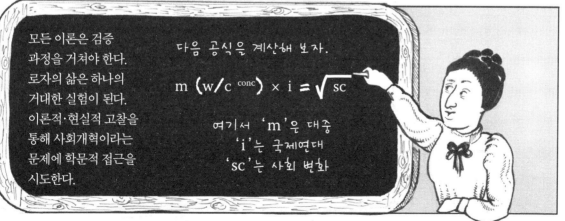

모든 이론은 검증
과정을 거쳐야 한다.
로자의 삶은 하나의
거대한 실험이 된다.
이론적·현실적 고찰을
통해 사회개혁이라는
문제에 학문적 접근을
시도한다.

다음 공식을 계산해 보자.

$$m\left(w/c^{\text{conc}}\right) \times i = \sqrt{sc}$$

여기서 'm'은 대중
'i'는 국제연대
'sc'는 사회 변화

33

정치적 차원뿐 아니라 개인적 차원에서도 로자는 급진적 변화에 뛰어들 준비가 되었음을 스스로 입증한다.

다시 바르샤바.

로자에게서 편지가 왔어!
사진도 보냈군.

이런.

왜 그래요?

당신은 안 보는 게
낫겠는데.

사진 보고 싶단
말이에요.

별로 잘 나온 사진이 아냐.
저리 치워야겠어.

어서
내놔요.

주여 내게 힘을 주소서!
아니 얘는
머리에다
대체 무슨 짓을
한 거야?

35

러시아 사회주의 운동의 핵심인사들은 취리히로 망명 중이고,
로자는 일부 대외 활동에 동참하기 시작한다.

...그때 또 붙잡혔던 거예요? 시베리아로 보내던가요? 근데 어떻게 도망쳤어요?

음, 당시 나는 자물쇠공으로 일했었거든요.

출판업을 하려고 했을 정도면 지금은 넉넉히 있었잖아요. 그럼 자물쇠 만드는 일은 안 해도 됐을 것 같은데?

프롤레타리아트를 진정으로 이해하려면 그들처럼 살아봐야 해요.

할아버지가 남긴 유산은 더 중요한 목적을 위해 쓰고요.

아마 할아버지는 자기 자본주의 무덤에서 방적 일을 하게 될 거예요.

어쨌든, 자물쇠를 잘 아는 건 유용한 기술이죠...

...게다가 난 위조 하난 자신 있거든요.

내 고향 리투아니아의 상황은 폴란드의 상황과 연관돼 있어요. 사회주의자들이 국가 독립을 위해 투쟁해야 하나?

프로이센이나 러시아 같은 힘센 자본주의 국가들을 이웃에 둔 채로는 폴란드는 계급을 없앨 수 없어요. 그런 나라들은 사회주의적 열망이 꺾이기를 기다리니까.

자본주의 체제하에서 독립한다는 건 그저 권력을 폴란드의 부르주아계급에 넘겨주는 길이죠!

그러느니 국제적인 노동계급 연대를 위해 일하는 편이 훨씬 낫죠!

혁명에 대한 요구는 국경도 허무는 거예요!

하지만 『공산당선언』 자체는 폴란드의 민족 해방을 촉구해요.

제1인터내셔널은 폴란드의 독립이 자본주의에 상당한 타격을 줄 거라고 했죠.

근데 그런 길은 없었죠!

제국주의적 전쟁까지 귀결되던 자본주의에 저항하는 길은 자본주의 해체로 다르니까요

한쪽에서 다른 한쪽으로 흐르지 않는 거죠...

정정그것!

근데 왜 이렇게 노예처럼 마르크스를 신봉하는 거죠? 우린 마르크스의 사도도 아닌데! 뭐든 질문을 던져라!

로자 룩셈부르크와 레오 요기헤스는 함께 세상을 정복할 태세다(물론, 프롤레타리아트의 이름으로).

이런 남자는 처음이었다.
박식하고, 헌신적이고, 투지 있고, 세심하며,
신비롭기까지 한, 지식으로 가득한 보물창고 같았다.

아름다운
사람이었다.

게다가 근사한 유대인 청년이라니.

38

레오와 함께하면서 로자는 그의 철두철미한 성격과 냉철한 지성을 높이 평가한다.
그리고 레오도 로자를 필요로 하게 된다...

로자가 가진 지식의 범위는
놀랍다. 그녀는 피임하는
법을 어떻게 알았을까?
여자들만 아는 이런 비밀스런
지혜는 대체 어떻게
매춘부들에게서
대학원생들에게
전달된 것일까?
우린 알 길이 없다.
하지만 그녀는 무엇을 언제
어떻게 하면 임신을 피할 수
있는지 알았고, 그 지식을 이용해
그녀는 은밀한 즐거움을
만끽했다.

작은 새

나의 보석

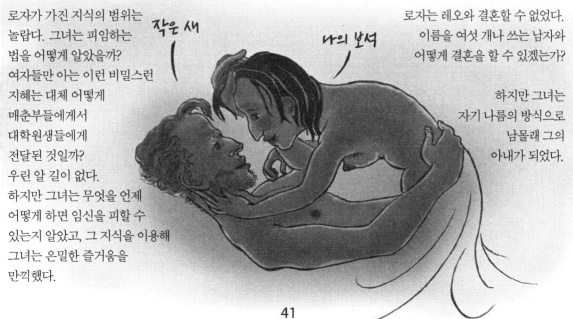

로자는 레오와 결혼할 수 없었다.
이름을 여섯 개나 쓰는 남자와
어떻게 결혼을 할 수 있겠는가?

하지만 그녀는
자기 나름의 방식으로
남몰래 그의
아내가 되었다.

41

혁명적 사회주의자가 되는 법

공부하기

역사 발전의 비밀은 철저한 지적 분석을 통해 밝혀낼 수 있다.

그렇지.

로자의 전공은 경제학이다. 그녀는 폴란드의 산업화에 대한 논문을 쓰기 시작한다.

...남성의 평균 월급은 20루블, 여성은 15.3 루블... 그리고 아동은 8.8루블... 그리고 연간 셔츠 생산량은... 이걸 퍼센티지로 표현해 보자...

근데 영국 파운드로 돼 있네. 환율이 어떻게 되더라?

(그녀의 논문은 오늘날까지도 중요한 참고서적으로 관련 주제에서 인용되고 있다.)

자본주의적 방법은 가장 멀리 떨어져 있는 장소들을 점차 물질적으로 결합시켜서 경제적으로 서로 의존하게 만들어 결국 전 세계를 하나의 생산 메커니즘으로 만들어버리려는 거야.

훌륭한 걸.

나 똑똑하지! 그러니까 키스해 줘!

집중의 끈을 놓을 수가 없다. 속도를 늦출 수도 없다.

자기야, 나 몸이 너무 안 좋아.

그래도 이 논문 「폴란드 부르주아계급의 역사에 대한 순차적 접근」은 반드시 끝내야 해.

자기, 너무 걱정 마. 괜찮을 거야. 할 수 있어.

여행하기

파리의 폴란드 도서관은 자료의 보고다.

내 유일한 그대, 나의 보보, 언제 당신을 볼 수 있을까? 너무 보고 싶어. 내 영혼은 목이 말라!

오늘은 개선문과 에펠탑, 그랜드 오페라를 봤어. 소음에 귀가 먹는 줄 알았지...

...그리고 여긴 예쁜 여자들이 어찌나 많은지! 정말이지 모든 여자들이 다 아름다워. 적어도 다 아름다워 보여...

안 되겠어! 무슨 일이 있어도 여기 오지는 마! 당신은 취리히에 있는 게 좋겠어!

항상 경찰보다 한 걸음 앞서는 거 잊지 말고.

답장할 때 조심해. 필요하면 암호를 쓰고. 여긴 건물 관리인을 정기적으로 찾아오는 경찰 정보원이 있어.

나 돌아왔어!

여행은 정신을 확장시킨다.
허리둘레를 확장시킬 수도
있고.

놀랐어?
앞당겨 기차를 탔지!

안녕,
내 작은 새.

쪽 쪽 쪽 쪽

쪽 쪽 쪽

신문 구겨져.

깜짝 놀랄 만한 걸
준비했어.

내 허리 좀 만져봐.

온통 말랑한 걸.

파리에서 시작된 최신
유행이야. 브래지어라는 거야.

여자들은 더 이상 코르셋에
속박당해선 안 돼!
우린 합리복*을 입어야 한다고!

어떻게 생각해? 싫어?
홀쭉했던 모습이 더 좋아?
내 허리에다 두 손을 한꺼번에
두르고 싶지 않아?

딱히
그렇진
않은데.

오! 사랑해, 자기야.
우리 키스쟁이 오른쪽 뺨에
강렬하게 키스해
주겠어.

*rational dress. 여성이 자전거를 탈 때 입도록 만들어진 헐렁한 반바지 등을 주로 지칭.―옮긴이

정당 조직하기

폴란드사회주의연합은 국가의 독립이라는 몽상을 좇아야 한다는 고집을 피우고 있어.

이론적 모순이야, 말도 안 돼!

우리가 독자적인 기치를 내걸고 운동할 때가 올 거야.

'폴란드왕국사회민주주의' 어때?

그리고 리투아니아!

좋아, '폴란드와 리투아니아', 괜찮아?

아주 좋아! 훌륭해!

사회주의인터내셔널에서 발언하기

'민족자결'이라네요? 자본주의 체제에서 민족국가 같은 건 존재하지 않아요! 저마다 이해관계와 권리를 지닌 계급들이 존재할 뿐이죠. 지배계급과 계몽된 프롤레타리아계급은 절대 단일한 국가를 형성할 수 없어요.

말투가 세군.

흥미롭네!

저 여자 누구야?

모르겠어, 근데 나는 한 표 던지겠네.

(이러한 회의는 국제 연대를 촉진하고 세계혁명을 조장한다.)

모임 꾸리기

레오의 몫.

선언문 작성하기

이건 로자의 몫.

...이 글들과 크리쳬프스키의 글을 합해도 아직 7개 칼럼이 남는다. 하나는 여성 문제, 하나 반은 임금 문제로 하자. 나는 사설을 하나 더 써야 해, 정치적인 내용으로. 머릿속이 텅 빈 느낌이지만 어쨌든 써야지.

그럼 레오는 또 트집을 잡는다.

증명한 것들을 확인해 봤어. 사회주의적 애국주의자들에 대한 글은 나아진 게 하나도 없다고.

여섯 번이나 고쳐 쓴 거야! 지금 와서 또 바꾸겠다고 하면, 인쇄소에서 이번 호 전체를 갈아엎어야 해.

글 쓰고 편집하는 건, 고된 과정이다...

...조판하고 인쇄하고...

...하지만 이 다소 엉성한 비밀 신문의 힘은 막강하다. 고국의 민중에게 사회주의적 메시지를 전파하는 유일한 방법이다.

1897년 5월, 바르샤바.

소포 왔습니다.

고마워요. 책인가요? 맞네, 맞아!

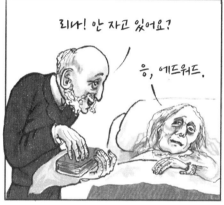

리나! 안 자고 있어요?

응, 에드워드.

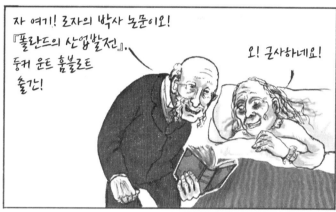

자 여기! 로자의 박사 논문이오! 『폴란드의 산업발전』. 둥커 운트 홈블로트 출간!

오! 근사하네요!

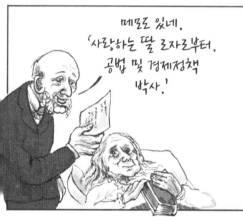

메모도 있네. '사랑하는 딸 로자로부터. 공법 및 경제정책 박사.'

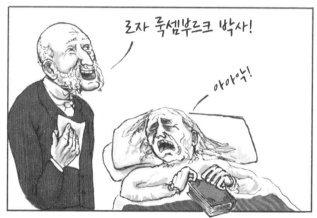

로자 룩셈부르크 박사!

아아악!

엄마, 진통제 좀 더 줘요?

그래, 안나.

아, 살아서 이런 날을 맞다니 정말 기쁘구나.

여러 해가 지나는 동안 로자는 점점 더 고군분투한다. 일에서도, 사랑에서도.

너무 지쳤어.

요즘 우리 관계에 대한 질문이 머릿속을 가로지르고 있어.

발톱으로 당신을 움켜잡아야겠어! 안전히 겁에 질리게 해줄 테다!

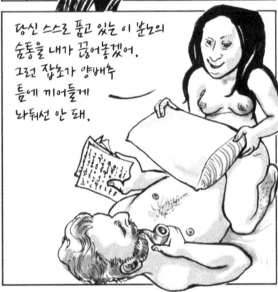

당신 스스로 품고 있는 이 분노의 숨통을 내가 끊어놓겠어. 그럼 잡초가 양배추 틈에 기어들게 놔둬선 안 돼.

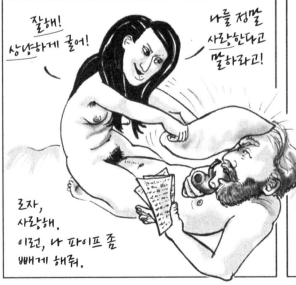

잘해! 상냥하게 굴어!

나를 정말 사랑한다고 말하라고!

로자, 사랑해. 이런, 나 파이프 좀 빼게 해줘.

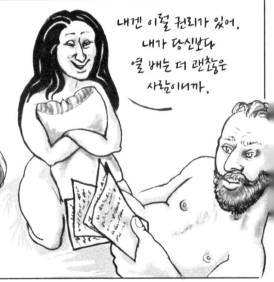

내겐 이럴 권리가 있어. 내가 당신보다 열 배는 더 괜찮은 사람이니까.

같이 있을 때마다 당신은 날 옆으로 치워 놓고는 일 안에 갇혀버리는 것 같아.

화날 때 말고는 그냥 기분에 빠져드는 법이 없다고. 그래서 가끔 난 당신이 목석처럼 느껴지기도 해.

레오는 지적으로
탁월하지만 감정적으로는 단절된 사람이다.

그걸 잘 아는 로자는 어찌할 바를
모른다.

나한테 이거 확인해 달라는 거 아니었어?

또 시작이군, 난리 났네!
대체 왜 우는데?

맙소사! 그런 얘기가 지금 왜 나와? 그게 중요한 게 아니잖아. 당신은 항상 나를 형편없는 사람 취급하며 이것저것 다 싫어해. 눈에 써 있다고.

대체 원하는 게 뭐야?

당신이 날 사랑하면 좋겠어!

젠장, 이 여자야!
그래, 사랑한다고!

베를린
1898

새로운 시작.

나는 완전한
이방인으로 혼자
이곳에 왔다.
'베를린을 정복'하러.

베를린을
처음 마주한 지금 난
그 차가운 힘 앞에서
불안을 느낀다.

베를린은 첫인상이 별로 유쾌하지 않은 도시다.
건물들은 군대 막사처럼 무미건조하고
육중하다. 프로이센 사람들은 오만하게
구는 모습이 마치 자기를 때리는 데
쓰이던 막대기를 삼키기라도 한 것
같다.

나는 나라 없는
사람이지만
독일이라도 조국
삼아 정을 붙여봐야
한다.

혁명이란
수없이 많은
소소한
순간들이 모여
이루어지는
것이다. 로자는
또 한 번
삶의 방향을
전환한다...

...그리고 독일에서
그녀는 편안함을 느끼게
된다.

아니었다! 여기 결혼식 날 아침을 맞은 젊은 신부가 있다.

아, 대체 그는 어딨는 거야? 늦으면 안 되는데!

초조한 기색으로 젊은 부부가 민사등록부에 이름을 기입하고 있다.

로자는 남자의 눈을 들여다본다. 그녀가 원하는 모든 것을 준 사람이다.

로잘리아 룩셈부르크 당신은...

...구스타프 뤼베크 이 남자를 당신의 법적인 남편으로 맞아들이겠습니까?

맞아들이겠습니다.

독일 시민권이다!

여기 서류.

독일! 오늘날 세계에서 가장 산업화된 나라! 사회운동의 확산 속도도 가장 빠른 곳! 당시 법적으로 갓 인정을 받게 된 사회민주당(SPD)은 10만 명 이상의 당원이 있다. 90여 개의 사회주의 노선 일간신문이 넉넉한 기회를 제공하는 덕에 로자는 저널리스트이자 학자로서 삶을 꾸려나갈 수 있다. 세계혁명의 불씨를 이곳 독일에서 일으킬 수만 있다면? 처음 보는 사람과의 결혼도 감행할 만한 가치가 있는 것이다.

사진 촬영비는 내가 낼게요.

이 일을 주선해 주신 어머님께 감사 인사 전해 주세요.

물론이죠.

그럼, 안녕히 가세요.

잘 가요.

사회민주당의 목표는 자본주의의 붕괴다. 최근 제국의회 선거에서는 거의 180만 명이 사회민주당에 표를 던졌다. 유권자의 4분의 1에 해당하는 숫자다. 그리고 1898년은 선거가 있는 해다...

아우어 씨?
룩셈부르크 박사예요.

기억나요.
인터내셔널에서 뵀죠.

사회민주당에 적극 참여하고자 왔습니다. 독일 국적도 취득했어요.

그래요?
잘됐네요!

이제 어디서 제 재능을 발휘하면 될까요? 상부 슐레지엔*의 폴란드인 광부들을 좀 만나봐야겠어요. 폴란드어를 좀 하면 '외국어'인 독일어라는 분명 다른 효과가 있어요.

상부 슐레지엔요?
정말요?

*유럽 중부 지방으로, 현재 폴란드령과 체코령으로 나뉘어 있다.─옮긴이

가톨릭 신앙을 가진 보수적인 광부들을 상대로 사회주의를 가르친다는 게 쉽진 않을 거요.

부딪쳐보지 않으면 모르죠. 기회를 봐가며 잘 해볼 게요.

사람들에게 우렛소리처럼 신선한 충격을 안기고 싶다...

...비전을 제시하고 확신을 심어주는 힘 있는 말투로 그들의 마음에 불길을 지필 것이다...

상부
슐레지엔,
1898년 6월 9일

룩셈부르크 박사를 소개합니다!

...동지들이여, 이것으로 제 이야기를 마칩니다!

와아!!! 브라보!!!

대성공이었어요!

하나도 떨리지가 않더라고요! 전혀 힘들지 않았어요!

진짜 대단했어요!

자.

오, 좋아요.

그러고 나서 취리히에서 공부했어요... 정치랑 경제를 공부했죠... 네, 남편이나 가족 없이요... 스물일곱이고... 그럼요... 젊죠... 아직 풋내기죠 뭐...

또 와요! 꼭 온다고 약속해요!

그럴게요, 약속해요. 성령강림절 즈음에 들를게요.

생각했던 거랑 다르네요!

우린 뚱뚱하고 나이 많은 사람인 줄 알았지 뭐예요!

56

1898년 6월 16일.
유권자의 27%가 사민당에 투표! 2백만 표가 넘었다!
하지만 독일 선거제의 계급 편향 탓에 제국의회 전체
의석수로는 14%에 불과하다.

어쨌든 제국의회가 국가를 통치하지는 않는다.
빌헬름 황제가 절대 권력을 잡고 있고, 제국의회는
예산을 승인할 뿐이다. 사민당 의원단이 할 수 있는
일이라고는 일 년에 한 번 근엄하게 거부 의사를
밝히는 것뿐이다.

로자는 선거 결과보다도 선거운동에 관심이
있었다. 그녀는 공직 진출은커녕 선거권도 없었다.
그녀가 할 일은 따로 있다.

푸흡

쟁그랑

「사회주의의 문제점」, 에두아르트 베른슈타인?
사회주의의 문제가 뭔지 말해주지!
문제는 바로 우리 세력의 방향을 재설정하려는
멍청한 프티부르주아계급의
이런 시도라고.

이런 사람이
감히 어떻게
사회주의자를
자처하고
있지?

개혁이냐 혁명이냐? 선택이라고?
역사적 견지에서 볼 때 이건 무슨 뜨거운 소시지나
찬 소시지를 선택하듯 어느 한 가지 방법을
택할 수 있는 문제가 아니야!
같은 계급투쟁에서도
매 순간 달라지는
거라고!

베른슈타인의 글은 중요한
역할을 한다. 이후 사회주의
운동의 새로운 방향을
보여주고 있다.

이 기사는 갈기갈기 찢어버리겠어.
펜을 가져와야지.

그리고 로자는 '우리가 싸움도
불사하며 추구하고 있는
이 사회주의란 대체
무엇인가?'라는 질문을
던지며 맞서 싸울
대상인
이 자본주의의
정체를
직시하게
한다.

마르크스주의적 분석의 강점 가운데 하나는 복잡한 체계 안에 내재된 모순들을 인식한다는 것이다.

마르크스는 헤겔의 변증법 이론—모든 것에는 대립물이 있다는 생각—을 받아들여 그것을 우리 주변 세계에 적용시켰다.

부인, 접시 가져가도 될까요?

네, 네.

빛이 있으면...

반대편엔 반드시 어둠이 있고...

부르주아지가 존재할 수 있는 것은...

등골이 휘게 일하는 프롤레타리아트가 있기 때문이다...

무엇보다도 중요한 사실은, 자본주의는 스스로 파멸을 향해 가는 힘을 생성해 낸다는 것이다.

내부의 자체 모순 탓에, 자본주의는 존립이 아예 불가능한, 불균형점을 향해 움직인다.

(역사적으로 이 이론의 유효성은 아직 검증되지 못했다. 그러나 그렇다고 해서 이 이론이 틀렸다는 뜻은 아니다.)

이는 단지 공장들을 짓는 것이 노동자들을 한데 모아서...

생산과정의 진보적 사회화에 힘입어...

...그들이 자신들의 공통된 계급적 이해를 인식하고 착취에 저항하게 만들기 때문만은 아니다.

...프롤레타리아계급의 계급의식은 성장하고...

이는 자본주의경제 안에 내재된 고유한 문제다. 이윤의 지속적 추구는 그 자체로 지속 불가능하다. 잉여가치에 대한 추구는 그 자체로 소진되고, 체제는 호황에서 곧...

달걱달걱

...그리고 자본주의경제는 걷잡을 수 없는 혼돈으로 빠져든다...

...불황으로 돌아선다.

...시장의 출구는 수축되기 시작할 것이다. 세계 시장은 이미 팽창되어 한계에 도달했고, 자본주의 국가 간 경쟁으로 소진된 상태이기 때문이다...

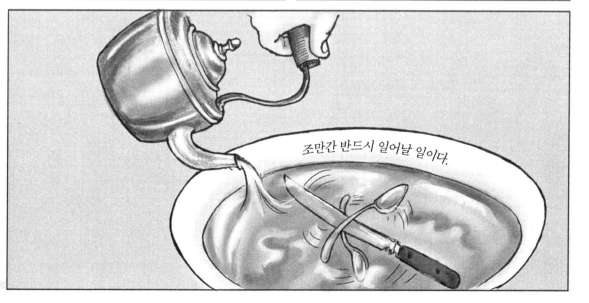

조만간 반드시 일어날 일이다.

베른슈타인은 자본주의가 성숙하면 복잡한 메커니즘을 발달시킨다고 믿는 쪽이었다. 가령, 신용 같은 것이 제도 내 불안정성을 해결하며, 무제한적 경제성장만 가능하다면 급작스런 위기는 없다는 것이다. 그러므로 혁명이 아닌 진화가 사회 변화의 핵심이 된다.

현상 유지에 가장 많이 투자한 이들에게는 매혹적인 철학이다.

룩셈부르크의 비판은 경제이론에 탄탄한 기반을 둔 의견이라는 데 의의가 있다. 그녀는 자본주의에서 신용은 초과분의 문제를 해결하기는커녕 그 불길에 기름을 붓는 격이라 설명한다

자본주의적 생산의 무한 팽창 경향이 제한된 규모의 사적 자본과 계속 상충할 때, 신용이 그 제한을 극복하려 들기 시작한다... 신용은 가뜩이나 불가피한 위기를 심화시킨다... 그리고 상품교환을 촉진한다... 과잉생산을 야기함으로써 처음에는 정체 현상이 나타나고 결국 신용은 사라지고 만다. 신용이 아직 필수적일 때는 교환 과정을 포기한다. 신용은 타인의 재산을 과감하고 몰염치하게 이용하도록 부추기며... 무분별한 투기를 낳는다... 모든 교환을 극도로 복잡하고 인위적인 메커니즘으로 변형시킴으로써 위기를 초래하고 연장시키며, 최소한의 금속화폐를 기반으로 삼는 그러한 메커니즘은 아주 사소한 계기에도 쉽게 교란된다.

그녀가 쓴 글은 여러 세기를 지난 지금도 여전히 공명한다. 그녀가 예측한 신용 디폴트 스와프나 그 밖에 여러 복잡한 인위적 금융 메커니즘은 2008년 세계경제를 마비시키는 원인으로 작용한다.

로자의 반격은 대성공이었다. 덕분에 그녀는 지식인 이미지로 각인되고 곳곳에서 환영받는 인물이 된다. 그리고 당이 혁명 노선을 계속 걷는 데 중요한 역할을 담당한다.

룩셈부르크 박사!

카우츠키 씨!

명성을 얻은 그녀는 이제 사민당의 주요 일원들과 돈독한 관계를 구축한다.

저희는 그렇잖아도 베른슈타인에 대한 당신의 탁월한 비판에 감탄하고 있었습니다.

글을 쓸 수밖에 없었죠. 베른슈타인이 '개혁이냐 혁명이냐'라는 질문을 던진 건, 사실 '죽느냐 사느냐 그것이 문제로다' 같은 거예요.

루이제 카우츠키, 어머니, 사회복지사 마틸데 뷔름...

얘기 좀 더 해줘요.

혁명은 사회민주주의와 부르주아 급진주의를 구분할 수 있는 유일한 요인이죠.

...그 남편들인 에마누엘 뷔름 박사와 카를 카우츠키. 이들은 마르크스주의 저널 『노이에차이트』* 의 편집자이기도 하다...

혁명 없이는 우린 더 이상 기존 질서와 못 싸워요. 고쳐보려는 헛수고나 하는 거죠.

맞습니다.

* Neue Zeit. 새 시대라는 뜻. —옮긴이

...프란츠 메링은 사민당 골수당원이다...

혁명을 빼면, 사회민주주의는 시체예요.!

지당하신 말씀!

...클라라 체트킨은 페미니즘 잡지인 『글라이히하이트』* 의 편집장으로, 싱글맘이다.

사실, 좀 놀랐어요. 베른슈타인의 주장은 이론적 근거가 전혀 없더라고요. 독창적인 개념도 전무하고요. 아무런 할 말도 없음을 증명하느라 아무 말이나 한 기회주의였다고나 할까요.

완전 동감이에요.

코스티아, 하지 마.

*Die Gleichheit. 평등이라는 뜻. —옮긴이

로자는 처음 본 동료들 사이에서도 지적으로 위축되는 법이 없고, 자신만의 독립적인 목소리를 내고 싶어 한다.

로자와 레오의 관계 역시 절룩거리는 중이다.

미래는 밝아 보인다.

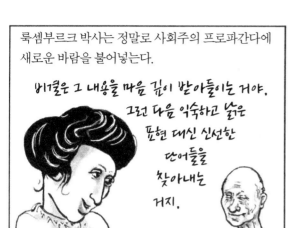

룩셈부르크 박사는 정말로 사회주의 프로파간다에 새로운 바람을 불어넣는다.

비결은 그 내용을 마음 깊이 받아들이는 거야. 그런 다음 익숙하고 낡은 표현 대신 신선한 단어들을 찾아내는 거지.

그녀가 살던 시대는 그야말로 격동의 시기다. 유럽 열강들은 서로 앞다투어 식민 지배에 열을 올리고 있다. 로자는 비난할 때도 단도직입적이다. 오늘날 그 어떤 사진기자가 촬영한 이미지에도 뒤지지 않을 만큼 생생한 그림을 로자는 펜으로 그려낸다.

마다가스카르에서는 프랑스 포병대가 그 땅 위에 꽃처럼 피어나던 수천 명의 사람을 몰살시켰다... 자유롭던 이들이 땅 위에 납작 엎드리고.. 구릿빛 피부를 가진 '야만인들'의 여왕은 전리품으로 끌려갔다.

설탕 카르텔의 미국 상원은 대포를 줄줄이, 전함을 줄줄이, 그리고 수백만의 수백만 달러에 수백만 달러 금화를 쿠바로 실어보냈다. 죽음과 파괴의 시작이었다...

사람들이 노동하며 평온한 삶을 이어가고 있던 저 멀리 아프리카 남부에서, 영국군이 그 모든 걸 엉망으로 만드는 광경을 우리는 목격했다...

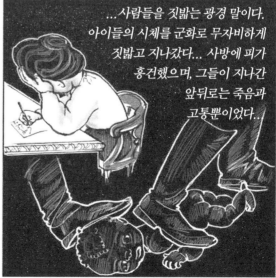

...사람들을 짓밟는 광경 말이다. 아이들의 시체를 군화로 무자비하게 짓밟고 지나갔다... 사방에 피가 홍건했으며, 그들이 지나간 앞뒤로는 죽음과 고통뿐이었다...

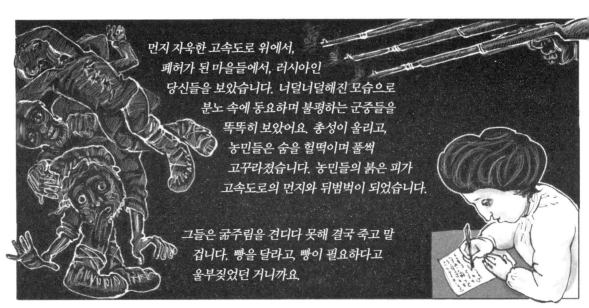

먼지 자욱한 고속도로 위에서,
폐허가 된 마을들에서, 러시아인
당신들을 보았습니다. 너덜너덜해진 모습으로
분노 속에 동요하며 불평하는 군중들을
똑똑히 보았어요. 총성이 울리고,
농민들은 숨을 헐떡이며 풀썩
고꾸라졌습니다. 농민들의 붉은 피가
고속도로의 먼지와 뒤범벅이 되었습니다.

그들은 굶주림을 견디다 못해 결국 죽고 말
겁니다. 빵을 달라고, 빵이 필요하다고
울부짖었던 거니까요.

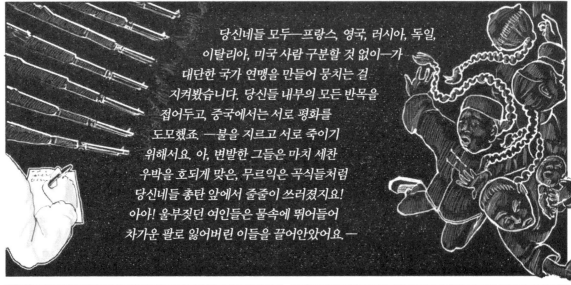

당신네들 모두—프랑스, 영국, 러시아, 독일,
이탈리아, 미국 사람 구분할 것 없이—가
대단한 국가 연맹을 만들어 뭉치는 걸
지켜봤습니다. 당신들 내부의 모든 반목을
접어두고, 중국에서는 서로 평화를
도모했죠. —불을 지르고 서로 죽이기
위해서요. 아, 변변한 그들은 마치 세찬
우박을 호되게 맞은, 무르익은 곡식들처럼
당신네들 총탄 앞에서 줄줄이 쓰러졌지요!
아아! 울부짖던 여인들은 물속에 뛰어들어
차가운 팔로 잃어버린 이들을 끌어안았어요. —

64

65

정말 그게 로자의 최대 소원일까? 엄마가 되는 건?
그거야말로 **모든** 여자들이 원하는 것 아닐까?

로자는 서른이 다 됐다.
더 이상 어린 나이는 아니다.

오!

이 아이 귀엽지 않아? 포대기에
싸서 집에 데려가고 싶지 않아?

오, 요요. 내 인생에 아이는 없는 걸까?

뭐, 뭐라구?

로자는 아이를 가지지 않기로 한다. 그렇지 않았다면, 우리는 그녀의 이야기를 들을 수 없었는지 모른다. 폴란드
산업의 역사에 관해 쓴, 크게 주목받지 못한 논고만 후세에 남겼을지도 모르는 일이다.

법적 결혼은
아이 아빠가
될 수 없는
사람과 하고...

...연애는 다른 사람과 하고
있었다...

아니야, 됐어.

...하지만 로자는
아이는 갖지
않기로 하고
레오와의
만남을
이어간다.

우리 엄마를 생각하면, 나도 모르게
몸서리가 쳐져. 뭐랄까~
그런 삶의 의미는 뭘까 싶달까?

우린 마치
이 푸른머리되새
가족 같았지...

...엄마 봐, 근심에
찌들어 쇠약해지고
덥수룩한 모습...

...그런데
이 꼬맹이는 엄마가 제
부리를 채워주길 마냥 기다리고 있지.

깨지지 않는 자연의 법칙이었지.
엄마는 오로지 우리 작은 부리들을 채우기 위해
세상에 존재했던 거야. 우리 온갖 이유로
부리들을 영원히 쩍쩍 벌리기만 했어.
게다가 가장까지도.

혁명적 사회주의자로서 다른 이들을 위해 삶을
헌신하는 일과 가정 안에서 헌신하는 일은
완전히 별개다. 그리고 로자는 처형을 당하거나
반대 세력에게 목숨을 잃을 위험에 대해서는 늘
생각하면서도 아이를 낳다가 서서히 죽어가는
쪽에는 마음이 가지 않는다.

뭐라고 했어?

당신 다른 방으로 가야 해.
가정부가 곧 여기 올 거야.

로자의 행동은 분별 있고,
아이가 없고, 독립적이면서도,
어딘가 허전한 영혼의
그것과도 같다.

띠띠!

츄!

오, 이 짓궂은 야옹이
같으니라고.
너한텐 저 새들이
너무 빨랐지!

로자는 고양이를 한 마리
키운다.

로자, 고양이가 정말 귀엽네요.

『글라이하이트』 잡지 최신호를 가져왔어요.

아주 좋아요! 어떤 잡지죠?
급진여성연합이 투표권을 위해 프로이센 주의회에 청원서를 제출했다...

맘에 안 드실지 몰라요.

...세금을 납부하는 유산계급 여성들의 투표권이라. 흥! 여성의 권리가 아니라, 귀부인의 권리네요.

클라라, 미안해요. 여성해방투쟁에 열심이시죠. 난 못하겠어요. 자본가계급 귀부인들과 대의가 같은 척 손잡을 수는 없어요. 그들이야말로 기생충에 붙은 기생충이라고요.

우스운 일이에요. 가난한 사람들은 세금을 안 내나요? 천만에요, 냅니다! 게다가 그 혜택을 부자들이 받죠!

고양이 얘기 더 할까요?

네! 좋아요!

68

1904년 8월 말.

오, 미미! 너 나 없으면 어떡할래?

계란 살 돈은 남겼어요. 미미는 계란이랑 청어를 좋아해요. 근데 싱싱한 걸 사야 해요, 냄새나는 거 말고요. 목요시장에 가면 되고요. 매일 풀을 좀 뜯어서 주셔야 해요. 얘가 좋아하거든요. 그리고 크림도 좀 주고요, 우유 말고요...

고마워요, 정말 고마워요, 게르트루트. 미미 많이 쓰다듬어줘야 해요!

미미, 널 두고 가서 난 어떻게 견딜까?

뽀뽀해 줄게!

나 잊으면 안돼!

결국, 필연적으로, 당국은 룩셈부르크 박사의 날개를 꺾어버리기로 한다. 그녀는 황제를 모독했다는 이유로 징역 3개월에 처한다.

당신은 여기 어쩌다 있어? 무슨 짓을 했는데?

구체적으로 말하자면, "독일 노동자들이 양질의 안락한 삶을 살고 있다고 말하는 사람은 진짜 사실에 대해 전혀 모르고 있다"고 했지요.

뭐요? 그것 때문에 처넣었단 말요?

당신은 여기 어떻게 있는데요?

방화.

오, 저런.

로자는 기지를 발휘해 좋지 않은 상황을 오히려 최대한 활용하고 편지로 소식을 주고받는 기회로 삼는다.

친애하는 주이제 씨, 카를의 사진 잘 받았어요, 고마워요. 지금껏 본 그의 사진 중에 처음으로 제대로 나온 사진 같네요. 눈빛이며 표정이며, 훌륭해요! 작은 흰콩 모양이 잔뜩 그려진 넥타이가 눈에 확 들어오네요...

그런 넥타이는 이혼 사유죠.

수감된 지 단 6주 만에 예상치 못한 일이 일어난다.

철컹!

룩셈부르크! 당신은 나가도 좋다. 가석방이다.

네? 왜요?

작센의 프리드리히 왕 대관식으로 인한 대사면이다. 왕께 신의 가호와 축복이 있기를!

난 여기서 왕실을 모독했어요. 그런 멍청한 대관식 따위로 길찍 나가는 길은 없을 거예요.

안 나갑니다!

석방을 거부한다!

반대한다!

70

국제적 사회주의 운동이 확산 중이다. 노조 연맹은 조합비와 구조를 통합한다. 당 관료 수도 늘어난다. 사회주의자 의원들이 국회에서 의석을 차지한다. 프랑스에서는, 사회주의자들이 부르주아적 정부에도 가담한다. 사회주의자 정치인이 각료로 진출하게 된 것이다.

이는 오히려 사회주의 운동의 목표를 축소시키는 압력으로 작용한다. 바람직한 것 대신 성취 가능해 보이는 것만 추구하게 된다.

기회주의. 로자는 이를 뿌리뽑기로 결심한다.

로자, 당신은 충분히 그 이상을 하고 있어요.

그저 앵무새처럼 기회주의 비판만 되풀이하는 걸로는 충분치 않아요.

인터내셔널 최근 회의에서 자네가 수정한 내용 기억해? "사회주의 전술은 오직 전체 계급투쟁만을 기반으로 삼아야 한다."

카를, 그 얘긴 안 해줬잖아요. 충분치 않아요.

천재적인 발상이었지. 장 조레스가 프랑스인들을 지지하며 그 움직임에 반대하는 발언을 했는데, 통역하러 나설 사람이 없는 거야. 우리 로자가 어떻게 했는지 알아?

일어나더니 장 조레스의 연설을 독일어로 통역해줬지! 그가 로자의 의견을 반박하며 쓴 모든 단어를 열정적으로 짚어주며 말이야.

로자, 그건 몰랐네요! 이이는 나한테 아무 얘기도 안 해줘요.

당연히 분위기는 로자 쪽으로 기울었지.

카를, 고마워요. 하지만 하려던 얘기로 마저 하죠. 지금 같은 기회주의적 분위기에 대해 뭘 해야 할까요? 이렇게 순전히 부정적인 활동만 해서는 우리는 한 발짝도 앞으로 못 나아가요. 그리고 혁명운동에서 앞으로 못 나아간다는 건 결국 후퇴를 의미하죠.

기회주의는 늪지대에 자라는 식물 같아서 운동이 고인 물처럼 되면 순식간에 무성하게 늘어나요. 물살이 빠르고 강한 곳에선 저절로 없어지고요.

민중 시위의 저변에는 거센 물살이 흐르고 있었고, 그 흐름은 1905년 1월 마침내
러시아에서 바깥으로 솟구쳐 오른다.

1월 22일 일요일.

20만 군중이 차르에게
탄원하기 위해 겨울궁전까지
행진한다.

군의 발포로
시위대 중
수백 명이 목숨을 잃는다.

학살 소식이 전해지자, 분노의 물결이 러시아제국을 뒤덮는다.

...들은 대학을 폐쇄하고...

...부르주아계급은 정치적 대표성을 요구하고 나선다...

선원들은 폭동을 일으키고...

...군인들은 상관에게 반역하며...

농부들은 농장을 점거한다...

...산발적인 시가전이 벌어진다...

...그리고 곳곳에서 노동자들이 연장을 내려놓고 밖으로 나온다.

대대적인 파업이다.

1905년, 유럽러시아* 전 지역 유급 노동자의 절반이 파업에 돌입한다.

*유럽에 속한 러시아 지역. 러시아제국 시대에는 러시아의 지배를 받는 동부 슬라브족의 영토를 가리켰고, 오늘날에는 벨라루스와 우크라이나에 해당한다. —옮긴이

10월경 차르는 주요 개혁안을 마지못해 받아들이며, 정당을 합법화하고 제헌국회를 창설한다.

폐하, 아마 독일 같은 형태가 될 겁니다. 자문 기능만 수행할 거예요. 보통선거권 같은 건 절대 없을 겁니다. —

됐네! 내 왕국이 나를 배신한 걸 생각하면 치욕스러워 속이 뒤집어진다고.

그는 42일 만에 국회를 정지시킨다.

속이 뒤집어진 건 로자도 마찬가지다. 그녀는 일상이 지장을 받을 정도로 심한 위장병에 늘 시달린다...

...게다가 국경 너머 상황에 동료 사회주의자들이 보이는 미적지근한 반응에도 염증을 느낀다.

1905년 9월 17일, 예나에서 열린 사민당 대회.

우리가 정말 영광스러운 러시아혁명이 일어난 해에 살고 있는 게 맞습니까? 매일같이 소식을 접하면서도 제대로 보지도 듣지도 않는 사람들이 많아요.

『공산당선언』의 최후 발언은 단지 듣기 좋은 문구가 되어서는 안 됩니다. 우리가 "노동자들이여! 우리에겐 쟁취할 세상이 있습니다!"라고 말할 땐 거기에 진정성이 있어야죠!

사민당 지도자인 아우구스트 베벨은 그녀를 무시한다.

토론이 좀 이상한 방향으로 흘렀군요. 혁명이란 말을 이렇게 많이 듣긴 처음일세. 내 부츠에 벌써 피가 묻은 건 아닌지 살펴봐야겠구먼!

하 하 하 하 하

독일에 혁명이 시작되면, 로자는 당연히 왼쪽에 설 테고 나는 오른쪽에 설 거예요...

...하지만 우린 로자를 교수대에 매달 거야. 우리 수프 그릇에 침은 못 뱉게 해야지!

누가 누굴 매달지는 두고볼 일이죠!

74

1905년 한 해 동안 레오는 바르샤바에서 운동을 조직하고, 로자 역시 가만히 있지 못하고 행동에 돌입한다.

조심해요, 로자.

가지 마요! 너무 위험해! 날도 춥고! 게다가 몸도 안 좋잖아.

두어제, 괜찮을 거예요.

제게 주신 이 사랑스러운 담요도 있잖아요.

12월 28일, 그녀는 기어코 떠난다.

담요가 총알을 못 막을 텐데.

폴란드 철도 파업이 길어진다. 바르샤바로 가려면 군용열차를 타는 수밖에 없다. 타고 있는 군인들은 혁명을 진압할 이들이고, 로자는 바로 그 혁명을 일으킬 인물이다.

열차는 달팽이처럼 느릿느릿 움직인다. 난방도 조명도 없다. 매복 공격이나 탈선을 경계하는 중이다.

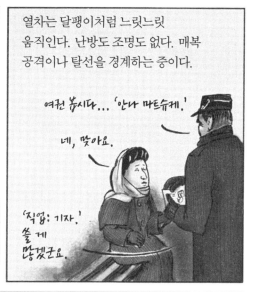

여권 봅시다... '안나 마트슈케.'

네, 맞아요.

'직업: 기자.' 쓸 게 많겠군요.

부디 바르샤바에서는 기관총을 마주치지 않아야 할 텐데.

이 도시는 마치 죽은 자들의 공간 같다. 파업은 끝날 기미가 안 보인다. 사방에 군인들이 있다. 내일 나는 활동을 시작한다.

돌아왔군!

75

로자는 혁명의 끝자락에
도착했고, 제정러시아는 다시
통치체제를 복권하는 중이다.
하지만 아직은 아무도 모른다.

우리 말고 없어.
얘기해도 돼.

로자,
오랜만이야.

레오, 어떻게 돼가고 있어?

두고봐야 해. 총파업도
이제 힘이 다 빠졌어.
단도직입적이고 대대적인
시가전만이 해법이야.
하지만 그러려면
적절한 타이밍을
노릴 준비가
필요하잖아.

그러니! 글에 더 힘을
실어야지!

입 맞춰
줄 테야?

너무
춥잖아.

바르샤바에 계엄령이 내려지고
철저히 통제되는 상황에서, 로자는
불법 신문 제작에 투신한다. 인쇄는
총구를 들이댄 상태에서 이뤄진다.

동지! 원고
가져왔소!

동지!

부탁인데 총을 꺼내주겠소?
혁명 선전지를
자발적으로 찍는 걸로
보일 순 없으니 말요.

물론이죠.
미안합니다.

한글 낫구먼.

이런, 이건 손글씨네.
긴 밤이 되겠군.

로자는 설교하러 온 게 아니다. 그녀는 배우고 싶다.
1905년에 봉기가 일어났던 상황에 대해 조사한다.

올해 이전에도 총파업이 있었나요?

아, 그럼요. 얘기해 드릴게요.

노동자평의회에 선출됐죠. 제다 임시 고용이죠.
일 주일에 한 번 실업자들을 위한 모임을 해요. 임금을 나누면 아무도 안 굶죠.

1902년 11월. 로스토프에서 2만 명이 파업에 동참하며 거리로 나옴.

1897년 1월. 상트페테르부르크 섬유 노동자들이 하루 11시간 노동을 요구하며 파업.

1903년 7월. 티플리스 지역 가게 점원들이 하루 17시간 노동 조건 거부.

1902년 3월. 일자리를 잃은 바툼의 석유 노동자들이 해고에 항의.

1903년 7월. 키예프 철도 노동자들과 부녀자들이 철로에서 연좌시위 중 총살당함.

1903년 7월. 5만 명의 노동자가 파업하여 오데사 전역이 마비.

1905년 3월. 바르샤바의 노동자들이 전역의 노동자들이 15% 임금 인상 쟁취.

1905년 5월. 러시아 전역의 노동자들이 하루 10시간 이하 노동 조건 쟁취.

1905년 9월. 사회주의 운동가 마르틴 카스프르자크 처형에 저항해 바르샤바에서 5만 명이 대규모 파업.

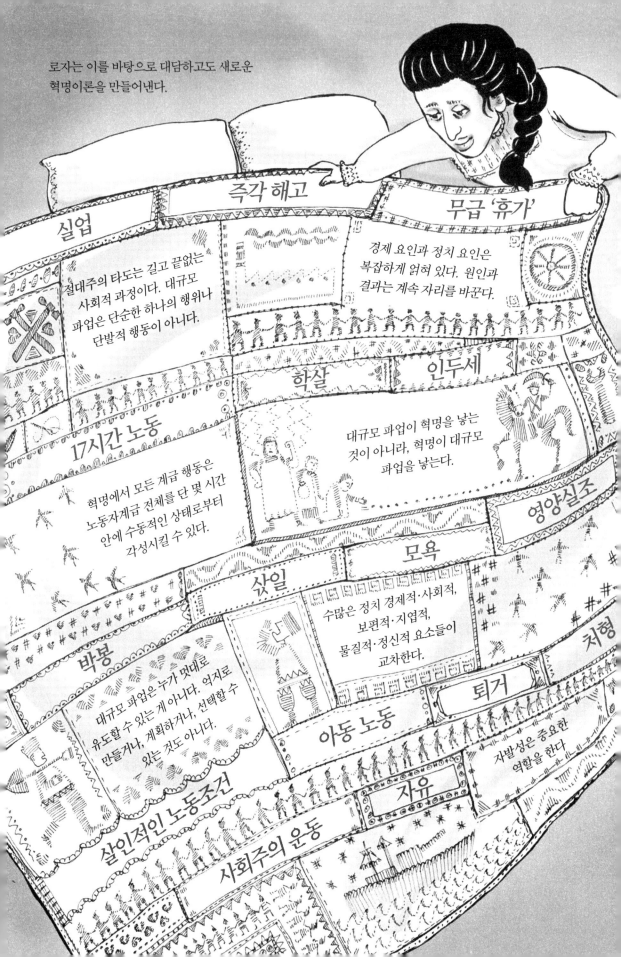

로자는 이를 바탕으로 대담하고도 새로운
혁명이론을 만들어낸다.

즉각 해고

무급 '휴가'

실업

절대주의 타도는 길고 끝없는
사회적 과정이다. 대규모
파업은 단순한 하나의 행위나
단발적 행동이 아니다.

경제 요인과 정치 요인은
복잡하게 얽혀 있다. 원인과
결과는 계속 자리를 바꾼다.

학살

인두세

17시간 노동

혁명에서 모든 계급 행동은
노동자계급 전체를 단 몇 시간
안에 수동적인 상태로부터
각성시킬 수 있다.

대규모 파업이 혁명을 낳는
것이 아니라, 혁명이 대규모
파업을 낳는다.

영양실조

모욕

삿일

수많은 정치 경제적·사회적,
보편적·지엽적,
물질적·정신적 요소들이
교차한다.

치형

박봉

대규모 파업은 누가 멋대로
유도할 수 있는 게 아니다. 억지로
만들거나, 계획하거나, 선택할 수
있는 것도 아니다.

퇴거

아동 노동

자유

자발성은 중요한
역할을 한다

살인적인 노동조건

사회주의 운동

아마 그녀가 내린 가장 용감한 결정은 이론 분석 자체의
한계를 인식한 것일 거다...

대규모 파업.
피와 살로 된 고동치는
삶의 어느 한 부분은...

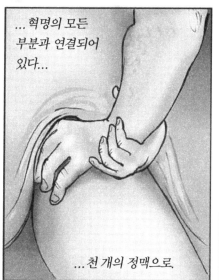

... 혁명의 모든
부분과 연결되어
있다...

...천 개의 정맥으로.

만일 정교한 이론의 목적이 대상을 영리하게
해부하는 데 있다고 한다면,
현상의 본질은 파악하지
못한 채...

... 대상을
완전히 죽이고
말 것이다.

로자와 레오는 힘을 다 소진한 동시에 새 힘을 얻는다.
이들 삶의 정점의 순간이다.

내일은 오빠를 만나러 가야지.

뭐라고 써 있나?

1906년 3월 4일,
한밤중.

애인은 옷 좀 입힐까요?

신분증에 '안나
마트슈케'라고 돼
있네요.

이 여자가 맞나
봐야겠어. 잡년
같으니라고.

됐어.

로자는 쇠사슬에 묶인 채
바르샤바 성채로 끌려간다.

안됐군.

똑이
예쁜구먼.

상황이 심각해.
지금 우린 격동의
시대를 지나고 있는
중이니까.
'존재하는 모든 것은
소멸돼 마땅한' 때지.

내 인생에선
모든 일이 근사하게
흘러갔어.
난 뿌듯해.

감방 문이 이제
닫혔어.

로자?
로자니?

안 보여.
어딨니?
로자?
지금
어딨어?

나예요
여기 있어

오빠가
찾아온다.
단식투쟁으로 쇠약해진
로자가 감방에서 끌려나온다.

상황이 아주 안 좋아요.
군법회의에서 정말...
처형을 감행할
위험도 있어요.
일단 돈으로 석방을
얻어낼 수 있어요.

얼마나 모을 수
있는지 봐야겠소.

동생에게는
보석으로 꺼낸다는
이야긴 하지
마세요. 분명
거부할 거예요.

7월, (거액의 보석금을 받은)
당국은 건강 악화를 사유로
그녀를 석방한다.

요제프,
난 괜찮아.
나를 위해 울지
말고, 아직 저기
갇힌 이들을 위해
울어줘요.

로자는 보석으로
풀려난 뒤 처음에는
바르샤바로, 다음에는
핀란드로 건너가
거기서 혁명에 관한
소책자인 『대중파업』을
집필하기 시작한다.
그녀가 독일 집으로
돌아올 때 즈음
가을이 되었다.

레오 요기헤스는
보석이 불허된다.

1906년 9월 13일.

누구세요?

오! 돌아왔군요! 미안해요. 당신이 다시 오는지는 몰랐어요.

다들 몰라요. 경찰들이 국경에서 날 돌려보낼 위험을 감수할 수가 없었어요.

저 알죠? 코스티아 체트킨. 어머니가 그러시던데, 제가 여기 머물러도 괜찮으실 거라고.

오, 미안해요. 가야겠네요.

코스티아 체트킨?

클라라 아들이군요. 몰라보게 변했네. 내가 변한 건지도 모르지만. 아무튼 둘 다 나이를 많이 먹었으니.

앉아요! 앉아 계세요! 제가 차를 좀 끓여 올게요. 피곤해 보이시네요.

미미!

짐을 싸야겠어요.

언제 가요?

글쎄요. 하지만 마땅한 델 분명 찾을 수 있을 겁니다.

내가 코스티아를 길거리로 쫓아내면 클라라가 서운할 거야. 게다가 미미가 사람 보는 눈이 좀 있는데 코스티아를 좋아하네. 그냥 있어야겠어.

똑똑

아침 내내 안 일어나시기에, 아침 식사를 좀 만들었어요. 근데 점심이 돼버렸네요.

아, 이런! 시간이 벌써 이렇게 됐네!

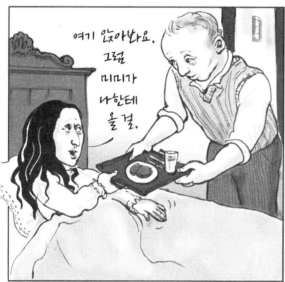

여기 앉아봐요. 그럼 미미가 나한테 올걸.

미미, 이 배신자.

미안해요. 근데 미미 정말 귀엽네요.

미안하단 말 그만해요. 잘못한 거 없으니까.

미안해요.

크크 크크

집중이 안 돼!

나 때문에요?

아니, 나 때문에.

지도부가 파업에 관한 내 책자의 배포를 막았어. 나더러 "말투를 누그러뜨리래."

이렇게 해서는 다음 주 만하임에서 있을 당대회에 못 가져가.

러시아에서 벌어지는 일들에 대해서는 알고 싶어들 하지 않아.

SNAP

진짜 혁명 활동은 바짓단에 흙을 묻혀야 하는 거야.

모든 게 머릿속에서 뱅뱅 돌고 있어. 글이 안 써질 때가 정말 싫어.

아직 피곤해서 그래요. 하루 쉬는 게 어때요?

책자 만들어야 하는데.

하루쯤 기다려주지 않을까요? 바깥은 화창해요. 산책하기에 좋겠어요.

산책 좋지!

코스티아는 뭐할 거야? 같이 갈래?

괜찮다면 시다면.

쟁반 제가 들게요.

아들, 고마워.

아들 참 잘 키우셨어요!

1907년 1월.

코스티아를 있게 해주다니 친절도 하시지.

클라라, 친구가 있으니 좋아요. 레오를 언제 다시 볼 수 있을지 모르겠어요.

모든 엄마가 너무 걱정이 많은 건 아는데, 제발 코스티아가 뭔가 자기 인생에서 중요한 길을 찾아서 했으면 좋겠어.

시간을 좀 주세요. 스스로 알아서 할 날이 올 거예요.

우리 잘난 당 지도자 나리들보다는 훨씬 잘하고 있으니 걱정 마세요.

남의 꿈을 박살내려 드느니 몽상가가 되는 편이 훨씬 낫죠.

당대회는 아무짝에도 쓸모없는 짓이었어. 지도부는 의회정치에 혈안이 돼서 다른 건 안중에도 없어. 하지만 대중이나 대다수의 동지는 의회나 정치인들이라면 넌덜머리가 나...

...정당 전술에 새로운 바람이 분다면 다들 반길 거야.

코스티아, 다녀오마.

만하임의 군중이 외치고 있었다고요. "러시아 소식을 들려줘요!"

86

정말로 러시아에서 보낸 그 몇 개월은 내 인생에서 가장 행복한 시기였어요.

혁명이 전부라고요!

다른 건 다 쓰레기예요.

로자, 원래 카우츠키 씨네 가기로 했던 시간이 한 시간이나 지났어요.

선거 후 사체부검 같겠군요. 솔직히 서둘러 참석하고 싶은 맘도 없어요. 분명 베벨로 와 있을 텐데. 내가 좋은 표정을 할 수 있을지 원.

룩셈부르크 박사! 체트킨 여사! 늦으셨네요. 안 오시면 어쩌나 했습니다.

베벨 씨! 아이고, 비극이군요! 우리 묘비명을 써주실 수도 있는데. '여기 독일 사회민주주의 최후의 2인이 잠들다.'

로자, 안 좋은 소식이오! 사민당의 전략 전체를 재고해 봐야겠어. 선거 결과 들었겠지?

그게 뭐요?

어떻게 그런 말을 할 수 있소?

제국의회에서 사민당 의석이 81석에서 43석으로 줄었다고!

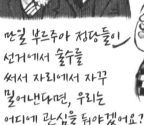

근데 우린 총 5만 표를 더 얻었어요. 남성 360만 명이 사민당에 투표한 거죠!

여성도 투표할 수 있게 되면 얼마나 많은 이들이 표를 줄지를 생각해야죠!

만일 부르주아 정당들이 선거에서 술수를 써서 자리에서 자꾸 밀어낸다면, 우리는 어디에 관심을 둬야겠어요?

관심이라... 문제는... 젠장, 이 여자야! 문제가 뭔지 모르겠나? 나는 평생을 바쳐 이 당을 만들었다고. 1871년에는 제국의회 의원 중에 사회주의자가 나 하나뿐이었어. 그 시절로 돌아가야 속이 시원하겠소?

제국의회 최대 정당이 차지한 의석수가 왜 고작 네 번째일까요? 형편없는 선거제 때문에 프로이센 지주의 한 표가 노동자 한 표의 열일곱 배 가치를 갖기 때문이죠.

동등한 참정권을 쟁취하기 위해 싸워야 해요!

젠장! 공화국이 필요하다고요! 진정한 힘을 지닌 제국의회! 그런 의회라면 표를 줄 가치가 있겠지!

카우츠키 씨, 로자는 선거 담당입니다. 부탁인데, 이런 무모한 내용은 책자에 조금도 넣을 생각 말라고.

88

더 나쁜 소식이다.

무슨 일이에요?

미안해요, 물어보지 말아야 하는데.

아이코! 미안하다고 해서 미안해요.

레오 요기헤스. 내가, 음, 좀 아는 사람인데. 꽤 친한 친구. 근데 8년 노역형에 처해졌대.

...그걸로 시베리아로 보내졌어.

마음이 쓰여야겠지만, 안 쓸 거야. 해방감이 느껴지네.

신경 쓰지 마. 나 막 횡설수설이지. 미안.

진짜 미안해요?

아니, 사실은 안 미안해.

머리가 또 웅웅거리네. 오늘은 일 못하겠다. 나 딴생각 좀 하게 해봐, 코스티아.

스케치해 봤어요?

소질 있는데요!

와, 만약 내가 그림 말고 할 게 없다면, 나 완전 빠져들겠어.

거침없는 꿈들!

"휘이잇"

들어봐! 버들솔새 소리야.

맞아요.

저기 있네요.

새에 대해서 좀 알아?

내가 얼굴만 잘생긴 게 아네요.

90

계속 레오 생각이 나.
그 사람은 정말 나를 사랑한 적이
있긴 했을까.

어떻게 사랑 안 할 수가 있었겠어요?

미안.

미안하다고
하지 마.

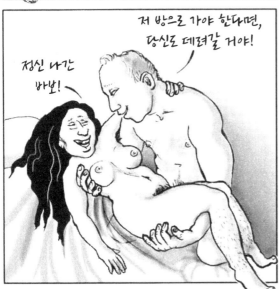

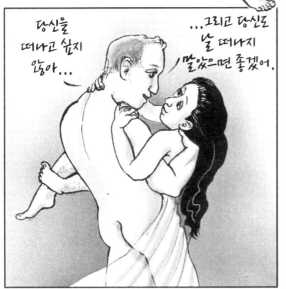

1907년 5월 13일, 런던 이스트엔드.

러시아 사회민주당 대회가 내일 있어. 지금 난 그 악명 높은 화이트채플 구역의 어느 식당에 혼자 앉아 있고, 밤 10시가 좀 넘었네.

구질구질한 기분으로 컴컴하고 끝없는 역 지하를 가로질러 걸었어.

...밖으로 나왔고 도시의 이 낯설고 사나운 구석에서 길을 잃었지.

지저분해.

희미한 가로등은 깜박이고 있어.

술 취한 사람들이 비틀대며 소리를 질러대고 거리 한가운데까지 걷다 보면 남자애들은 신문 사라고 외쳐대고 여자애들은 꽃 사라고 외쳐대. 합승마차가 채찍 휘두르는 소릴 내며 삐걱대며 지나가...

아아름다운 수국녀분 꽃 좀 사요!

...그야말로 아수라장이다.

93

드디어 호텔*을 찾았다.

*'세 수녀 호텔.'—옮긴이

아니,
이름부터가
벌써 예사롭지 않군.

식당엔 불이 환한데,
텅 비어 있다.

안도의 한숨을 내쉬자니
작은 테이블에 앉아 있는
여자 두 명이 눈에 들어왔어.

그러고 보니 모든 투숙객이 이 여자들과 안면이 있어...

...모자를 쓴 채 그 테이블에
합석을 하고 있더라고.

반대쪽에서는 알 수 없는 종류의 한바탕 난리가
벌어진 소리가 나더군. .

2행시를
읊더라고...

"우린 당신의
딸을 봤습니다!"

"미리 주의를 줬어야 하는데!"

...한 사람씩 돌아가며 한바탕 요란한 박수를
받는데, 발까지 굴러대는 게 무슨 고삐
풀린 야생마들 같더군.

"오이! 오이! 오이! 호이 폴로이!"

94

그 순간 갑자기 내 안에 어떤 집시의 피가 꿈틀하는 거야.

대도시의 밤, 그 날카로운 화음에 악마의 주술이 더해졌는지, 내 영혼의 현을 건드리더군.

깊숙한 곳에서 희미한 욕망에 불이 들어오는 거야...

소용돌이 속에 뛰어들고 싶은 욕망...

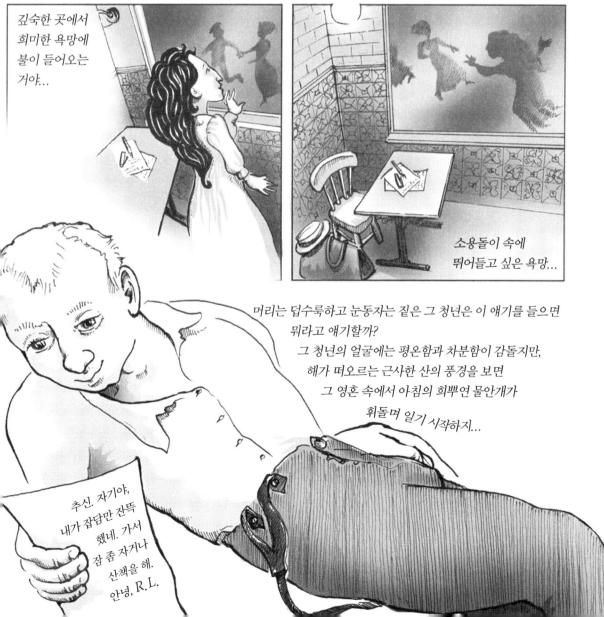

머리는 덥수룩하고 눈동자는 짙은 그 청년은 이 얘기를 들으면 뭐라고 얘기할까?
그 청년의 얼굴에는 평온함과 차분함이 감돌지만,
해가 떠오르는 근사한 산의 풍경을 보면
그 영혼 속에서 아침의 희뿌연 물안개가
휘돌며 일기 시작하지...

추신. 자기야,
내가 잡담만 잔뜩
했네. 가서
잠 좀 자거나
산책을 해.
안녕, R.L.

로자는 레오 요기헤스를 잊은 채 지냈다. 레오는 감옥이 감당하지 못하는 남자였다.

1907년 5월 22일, 런던.

내가 나타날 건 알았겠지.

뭐하는 짓이야?

레오, 난 더 이상 당신 아내로 안 잖아.

갈래.

못 가.

레오, 제발. 나 오빠 만나러 가는 길이야.

여기 런던에 머무르게 될 거야. 병원 신세를 지더라도 말야.

그놈한텐 못 돌아가.

차라리 당신을 때려죽이겠어!

아! 막스! 런던 생활은 어때요?

레오! 여기서 만나다니! 시베리아에서 살아남았구면.

우리 동생 잘 챙겨주는 거지?

아, 그럼요. 로자는 제가 챙길 겁니다.

로자는 완전히 무방비 상태다. 당시에는 여성이 가정 폭력 문제로 경찰에 도움을 요청하는 게 불가능했다. 하물며 결혼 관계가 아닌 여자와 이름을 여섯 개나 쓰는 전 애인이라면 말할 것도 없었다. 베를린으로 돌아온 그녀는 위험한 상태에 처했다.

내 아파트로 오면 안 돼. 안전하지 않아.
레오가 어제 쳐들어왔어.
그 사람 정신 상태가 심각해.
농담 아냐.
충격으로 자아가 산산조각 났는지 정신이 이상해졌어.

나더러 당신 안 보겠다고 약속하래. 안 그러면 당장 날 죽이겠데.

오, 자기야.

그러더니 주머니에서 뭔가를 잡는 거야.

약속은 안했어. 아무 말도 안했어. 얼음처럼 차갑게 굴더라고. 고개도 돌리지 않았지. 그러고 가네 거기서 잠도 못 자겠더라고. 그래서 카우츠키 씨 댁으로 갔어. 그가 오늘 아침 다시 오더니 당신 편지를 읽었어.

로자, 그 남자는 도주 중인 범인이잖아...

...정말로 무슨 일이라도 생기면 어떡해요?

당신이 그런 말을 할 줄은 몰랐어. 그 사람도 다 사회주의를 위해 하는 일인데? 난 그렇게 못해. 이렇게 망치기엔 혁명은 너무도 중요한 거야. 우리 일은 계속해야만 해

근데 나 당신이 너무 걱정돼. 사랑하는 자기야, 몸조심해. 아직 앞길이 창창하니까.

당신은 어쩔 건데? 어떻게 안전하게 있을 건데?

이걸 삼어.

베개 밑에 넣고 자.

로맨틱한 연애 이야기 같은 꿈은 집어치워요!
지금 우린 극장에 있는 게 아닙니다!
여긴 사민당 학교예요! 자본주의에 대해
배우기 위해 모인 겁니다!

'역사적 유물론'이 뭔지 말해 줄 사람...?
아무도 없어요...? 여러분이
딱 하나만 배워야 한다면,
그건 역사의 중요성이에요.
과거를 분석하고 현재와
비교해야만 우리는 더 나은
미래를 꿈꿀 수
있습니다.

역사적

물질이 뭐죠?

유물론

어, 사물들?

그래요, 물질... 사물... 질료...
사회의 물질적인 것들,
그러니까 우리가 생산하는
대상과 그것들을 생산하는
방식을 연구하다 보면
사람 사이의 사회적 관계가
드러나죠.

역사적 유물론
사회의 생산력에 대한 연구

사회사는
마치 물리학이나 화학처럼
결국 물질의 운동을
연구하는 겁니다.

원시공산주의

고대 독일의 마을 공동체를 살펴보죠.
이 노동자는 누굴 위해 일하는 걸까요?

자기자신이오.

맞아요. 이 옥수수, 이 거위,
이 신발 - 다 상품인가요?

아닙니다.
사거나 팔지
않으니까요.

바로 그거예요.
민중을 위해,
민중에 의해서
만들어지죠.

소위 원시적이라 일컫는 이런 삶만큼 단순하면서도
조화로운 모습은 상상할 수 없을 거예요.

일상의 당면한 필요와
모든 사람의 동등한 충족.
이게 경제체제의
처음이자 끝입니다.
모두가 모두를 위해
일하고 모든 일을 다 같이
결정하죠.

왜 그럴까요?
토지라 흙은 공동의
재산이니까요.

생산수단은
일하는 사람들의
공동소유고요.

원시공산주의는 사실 전 세계적으로
나타나는 생산 형태다.
사람이 사는 대륙 어디서나
그 예를 찾아볼 수 있죠.
자, 월요일까지
에세이를 써 오세요.
사회를 하나 정해서
그 농업공동체에
대해서 2천 단어로.
수업은
여기까집니다.

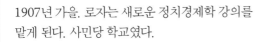

1907년 가을. 로자는 새로운 정치경제학 강의를 맡게 된다. 사민당 학교였다.

어떻게 돼가고 있어?

아주 잘 돼가.

어쩌다 보니 이 강좌를 맡게 됐네. 내가 쓰려던 경제학 책* 초고의 얼개와 딱 맞아떨어져.

게다가 생각해 봐! 일 년에 3천 마르크라니, 나 이제 부자다!

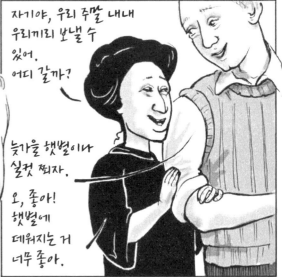

자기야, 우리 주말 내내 우리끼리 보낼 수 있어. 어디 갈까?

늦가을 햇볕이나 실컷 쪼이자.

오, 좋아! 햇볕에 데워지는 거 너무 좋아.

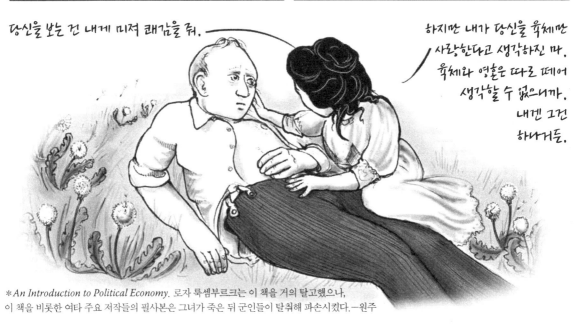

당신을 보는 건 내게 미저 쾌감을 줘.

하지만 내가 당신을 육체만 사랑한다고 생각하진 마. 육체와 영혼은 따로 떼어 생각할 수 없으니까. 내겐 그건 하나거든.

*An Introduction to Political Economy. 로자 룩셈부르크는 이 책을 거의 탈고했으나, 이 책을 비롯한 여타 주요 저작들의 필사본은 그녀가 죽은 뒤 군인들이 탈취해 파손시켰다.—원주

똑같은 마을인데 현대가 됐다고 생각해 봅시다. 공유재산은 더 이상 존재하지 않는 데다, 재산을 관리할 공동 노동이나 공동의 의지도 없어요. 대신 화폐경제가 있죠. 모든 상호작용은 교환을 기반으로 이뤄져요. 이게 뭘 의미할까요?

개개인이 각자 알아서 하게 된 거예요. 농부, 구두 만드는 사람, 거위 기르는 사람 등등. 공동체는 더 이상 개인에게 아무 말도 하지 않죠. 아무도 전체를 위해 일하라고 하지 않아요. 아무도 남의 팔에 신경 안 쓰죠.

사회적 노동에 대한 개개인의 몫을 지배하는 건 시장이에요. 팔 수 있는 것이라면 뭐든 열심히 해요. 팔 수 있느냐 마느냐가 보상을 받느냐 마느냐를 결정하죠.

운이 좋으면 저녁을 사먹을 수 있겠죠. 운이 나쁘면 목매고 죽어버릴 수도 있어요. 사회는 상관할 바가 아니겠지만요.

사회의 부는 더 이상 필요에 따라 분배되지 않습니다. 노동자가 먹여 살려야 할 식구가 둘인지 열인지 따위는 시장한텐 중요하지 않거든요.

과거에는 하나의 전체였던 공동체가 각각의 작은 파편으로 부서져 흩어져 버렸죠. 이제 사람은 저마다 먼지처럼 공중에 떠다니며 어쩔 줄을 모르게 됐어요.

누군가 질문할 수 있을 거예요. 시장이라는 예측 불허의 대상에 복종하는 게 개인의 자유를 위해서라면 치를 만한 자그마한 대가가 아니냐고요.

자, 이 노동자는 여기서 얼마나 자유를 구속당할까요?

자본주의의 대표적 특징은 노동자가 위태로운 상태에 놓인다는 거예요.

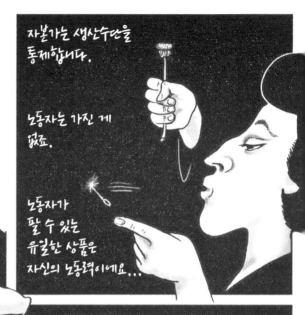

자본가는 생산수단을 통제합니다.

노동자는 가진 게 없죠.

노동자가 팔 수 있는 유일한 상품은 자신의 노동력이에요...

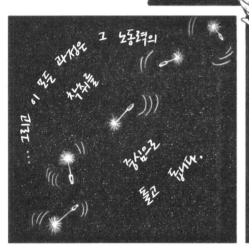

그리고... 이 모든 과정은 그 노동력의 가치를 정신없고 들고 떨어진다.

노동자는 스스로 자유롭다고 생각할 거예요. 하지만 노동자가 자기 노동력을 파는 것 말고 뭘 선택할 수 있죠? 일자리는 드물고 불안정해요.

자본가에게는 시키는 대로 따를 준비가 된 실업자들이 예비군처럼 늘 있으니까요.

자본가는 틀림없이 스스로를 자유롭다고 생각할 겁니다. 하지만 자본가가 노동력을 계속 더 쥐어짜서 이윤을 끌어올리는 것 말고 뭘 선택할 수 있죠? 경쟁에서 헤엄쳐 나가지 않으면, 가라앉고 말 테니 말이죠...

전 인류는 자신도 모르는 사이에 스스로 만들어낸 자본이라는 맹목적인 사회적 힘의 멍에를 진 채 끔찍한 고통에 신음하고 있어요.
생산의 모든 사회적 형태의 기본 목적은 사회의 필요를 충족시키는 건데, 완전히 앞뒤가 바뀐 거죠. 생산은 더 이상 민중을 위한 게 아니에요. 이윤을 위한 생산이 전 세계적으로 법칙처럼 돼 버렸어요.

에베르트 씨,
말씀해
보시죠.

과제 때문에 고민 많이 하셨군요.

네, 티납니까?

모호하면서도 거창한
용어들을 사용한다는 건
주제에 대해 입장이
분명치 않다는
뜻이죠.

그리고 여기, 변증법 개념을
혼동하신 것 같네요.

어떤 것이 어떻게 그 대립물을
포함할 수 있죠? 그 부분이 골치예요.
모든 게 단도직입적이고
뚜렷하면 좋으련만.
혹 아니면 백
이렇게요.

아, 하지만 사회의 이런 반대되는 힘
사이의 긴장 속에서 우리는 변화의 가능성을
찾는 거예요. 위대한 철학자 헤겔이
말했죠. "모순은 세계를
움직이는 원리다."

일하는 사람에게
추상적인 철학이
대체 무슨 소용이죠?
철학이
밥 먹여줍니까?
아님
옷이라도
입혀줍니까?

변화를 시키죠, 에베르트 씨.
혁명요.

오, 또
그 구닥다리
주제군요!

나 참, 카우츠키 말로는 저 남자가 사민당
꼭대기까지 올라갈 인물이라던데.
대체 여기서 우리는 사회주의자랍시고
어떤 사람들을 길러내고 있는 거지?

마음 쓰지 말자.
내가 할 수 있는
일은 그저 열심히
저들에게 영감을
주는 것
뿐이니까.

103

로자는 정말로 영감을 주는 선생이다.
배우는 걸 게을리하지 않으니 당연한 일이다.
마르크스주의의 기본 신조를 반복해 가르치다 보니
흥미로운 문제를 던지게 된다.

자본주의가 완성된 세상을 상상해 봅시다.
마르크스는 『자본』을 집필하면서 이렇게
상상했죠. "전 세계가 하나의 국가고 자본주의가
곳곳에 자리 잡았다고 가정해 봅시다."
모든 사람이 노동자 아니면 고용주인 셈이죠.

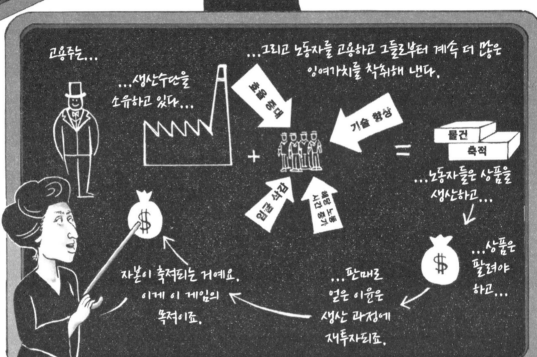

고용주는...

...생산수단을
소유하고 있다...

...그리고 노동자를 고용하고 그들로부터 계속 더 많은
잉여가치를 착취해 낸다.

노동 동대

기술 향상

임금 삭감

해외 노동
시간 증가

물건
축적

...노동자들은 상품을
생산하고...

...상품은
팔려야
하고...

자본이 축적되는 거예요.
이게 이 게임의
목적이죠.

...판매로
얻은 이윤은
생산 과정에
재투자되죠.

물건
품목
대체
물건
예비 부품
선물
더 많은물건
생필품
유행
사치품
잡동사니

하지만
이런 일이
일어
나려면
계속 증가하며
공급되는 생산품이 다
팔려야만 해요. 소비
시장도 계속 팽창해야
한단 뜻이죠. 생산품에 대한
수요가 있어야 하니까요.
하지만 누구에게서?
누가 이 상품들을 다 사죠?

상품을 소비하는 건 노동자들이
아니에요. 그들은 간신히 목숨만
부지할 돈을
벌고 있죠.

자본가계급을 단일 개체로 보면,
그들이 잉여 생산물을 전부 살 수는 없어요.
그건 이익을 낭비하는 길이 될 테니까요.

이렇게 대답하는 사람도 있겠죠. "아하! 우리 사회에서는 노동자나 고용주가 아닌 사람도 있어. 우린 다른 직업을 가지고 있다고. 시인, 성직자, 창녀도 있잖아. 이 사람들이 제품을 사지." 그런데 이들은 소득을 어디서 얻을까요? 어쨌든 노동자나 고용주에게 뭔가를 해주고 돈을 받는 거죠. 자본주의 과정에 기생하는 셈이에요. 완전히 독립적인 소득 같은 건 없죠.

그러나 답이 되지 못해요.

자본주의의 끝없는 팽창은 어떻게 가능할까요? 자본의 연속적 축적은 어떻게 발생하죠? 이 질문에 대해 다음 시간에 살펴보기로 하죠.

이렇게 작가가 갑자기 불쑥 끼어들어 죄송합니다만, 오늘날에도 이게 해당되는 얘길까요? 제 말은, 오늘날 우리는 누가 소비자인지 알고 있으니까요. —우리잖아요!

물론 지금은 전반적인 상황도 다르죠? 부국들은 빚을 진 중산계급을 엄청나게 배출해 오고 있어요. 이들은 지속적이고 과시적인 소비를 하도록 세뇌당해요. 우리는 해외에서 착취당하는 노동자들이 만들어낸 제품을 게걸스럽게 먹어 치우죠. 자본가들 역시 더 이상 실크해트를 쓰고 있는 것도 아니고요.

그래도 여전히 본질은 똑같아요. (어떤 방식으로 손에 넣었든) 소비자 계급의 부는 여전히 자본주의로부터, 경제 '성장'으로부터 파생되니까요. 그러니까 로자 룩셈부르크의 기본 전제도 아직 유효하죠. 그리고 자본주의가 수학적으로 설명이 불가능하다면 어떻게 제가 지금 중국에서 만든 옷을 입고 여기 있을까요? 여러분은 이 책을 어떻게 살 수 있었을까요?

로자가 정절을 말한 걸 너무 심각하게 받아들일 필요는 없을 것 같다. 코스티아가 그녀의 마지막 연인은 아니었으니까. 하지만 한층 성숙해진 그녀의 모습을 제대로 보려면 연애라는 고루한 시선을 통해서만 그녀의 정체성을 파악하는 것은 그만두어야 할 것이다.

그녀의 인생에는 더 많은 일이 기다리고 있다.

프로이센에서 투표권 문제는 모두의 관심사입니다. 아시다시피, 의회를 통해서는 이 법을 고칠 수가 없습니다. 오직 직접적인 대중행동만이 변화를 가져올 수 있습니다!

옳소!

와아!

브라보!

1910년 4월. 프로이센에서는 불공정한 투표 제도를 개혁하려는 법안의 좌절로 국가 전역에서 시위와 파업이 일어난다. 로자 룩셈부르크는 뛰어올라 혁명의 불길을 북돋운다.

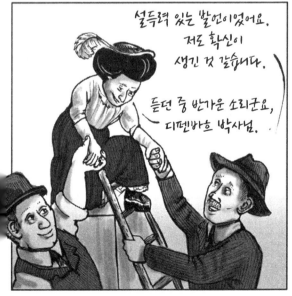

설득력 있는 발언이었어요. 저도 확신이 생긴 것 같습니다.

듣던 중 반가운 소리군요, 디펜바흐 박사님.

여덟 개 집회는 끝났고, 이제 여섯 군데만 더 가면 되는군...

또 한 번의 중대한 결별.

로자는 카를 카우츠키와 공공연히 부딪친다. 그는 사민당에서 가장 존경받는 마르크스 이론가다.

당신한텐 더 할 말이 없군.

그럼 비켜요. 난 당신 부인을 만나러 온 거니까.

무슨 일이에요? 카를이 아무 말도 안 해줘요.

공화제에 대한 내 요구를 게재 안 해주겠대요.

'당의 노선이 아니'라는 이유로 생각 자체를 금지당했다고요! 하! 마르크스의 말을 빌려볼까요. 정부는 '단지 의회 형태로 포장한 군사독재'에 지나지 않아요. 카를 카우츠키는 그런데도 정부를 옹호하고 있어요! 대체 선을 그어놓고 그 안에 우릴 가두는 경찰이 누가 필요하대요? 카우츠키 씨가 직접 경찰 노릇을 하고 있다고요!

독일 전체가 파업 태세인데도 카를은 빠져 있어요! 총파업은 '고려 대상이 아니'라고 해요. 지금 여기서! 우리 사회주의 운동은 세계 최강인데 프롤레타리아트는 너무도 힘이 없어요.

화해할 순 없겠어요?

룰루, 그가 내 등에 칼을 꽂았다고요.

그래도 나는 만나줄 거죠?

그 무척추동물 같은 양반 때문에 안 올 순 없죠.

따라와요! 클라라나 만나러 갑시다.

108

피가로! 피가로!

쉿, 로자! 이러다 이웃들 다 깨겠어.

로자만 보면 항상 샴페인이라도 한잔한 기분이 된다니까.

오! 인생은 손가락을 간질간질하게 만들죠. 그대들과 있으면 어떤 바보짓도 거뜬히 할 수 있지!

우리 셋은 또 언제 만나지? 천둥 칠 때? 번개 칠 때? 아님 비 올 때?

하 하
하 하 하
하 하 하

저 잘난 로자가 우리 계획을 망치게 나둬선 안 돼.

109

1912년 9월.
미미! 나는 원숭이처럼 영리한 여자야! 자본축적에 대한 마르크스의 글에는 허점이 있어. 내가 그걸 파헤쳐 보려고.

오, 미미, 위대한 사상가 마르크스의 글에 감히 의문을 제기하는 나는 대체 누구냐고? 그게 바로 내가 싫어하는 태도란다. 다들 사회주의 원리를 그저 노예처럼 따르지. 질문을 던지는 사람은 거의 없어.

마르크스는 『자본』 제2권을 완결하지 않았어. 펄사본도 반쯤 쓰다 말았지. 축적이라는 문제를 건드리긴 했는데 제대로 파고들진 않았어.

우리가 시장이 계속 커질 수 있다고 믿게 된 건 단지 시장이 지금 커지고 있기 때문인데, 그건 순환 논리야. 그래, 미미. 마치 자기 꼬리를 쫓아다니는 고양이 같은 거라고.

자본가계급은 더 많은 제품을 생산할 기술을 사들임으로써 팽창된 소비재 시장을 흡수하겠지? 하지만 다음 해에는 더 많은 생산품이 시장에 쏟아져 나와. 매년 그렇게 문제를 밀어내지. 계속 돌고 도는 논리야.

미미~ 그만. 어지럽다.

자본가와 노동자로만 구성된 세계에서는 전체 자본가계급이 잉여 물자를 없애고, 잉여가치를 화폐로 바꾼 다음 자본을 축적할 길은 없지.

디펜바흐 박사님! 웬일이세요!

근처에 볼일이 있어서 지나다 들렀습니다. 실례 좀 해도 될까요?

나중에요, 한스. 지금은 『자본의 축적』 집필로 제가 정신이 없어서요.

아

어디까지 했더라? 늘어나는 상품의 판매... 이윤의 실현... 제품과 화폐 거래는 A에서 B로, B에서 C로, C에서 다시 A로 움직이는데 하나쯤은 반드시 닫힌 회로 바깥에서 시장을 찾아내기 마련이야. 그렇지 않으면, 그 우회로는 몇 바퀴 돌고는 곧 멈추게 될 거야.

이 문제에 대한 해답은 로자가 평생 해온 여러 갈래의 연구를 하나의 정돈된 이론으로 묶어내는 역할을 하게 된다.

미미, 제국주의야. 자본주의는 비자본주의 시장을 잠식해 들어가면서 팽창하지. 존속하려면 그 방법뿐이거든.

점령, 절도, 착취, 몰살, 징세, 값싼 소비재 공급, 천연자원 유용, 국제 차관 같은 절로도 모자라 곳곳에서 군사력을 동원해 위협하지.

자본주의는 절대 다른 형태의 존재와 평화롭게 공존할 수 없어. 미쳐 날뛰는 호랑이처럼 자기자신 외에 모든 다른 생명을 파괴하고 먹어 치우는 거야.

112

'글로벌화'라는 신조어가 생기기 50년 전의 일이다. 로자 룩셈부르크는 이를 수학적으로도 입증한다. 그녀는 세계로 거침없이 뻗어 나가는 이 과정의 동력을 파헤친다.

자본주의는 퍼져가는 암세포이자 질식시키는 넝쿨식물과도 같다.

자본주의는 세계를 통째로 집어삼키고 다른 모든 경제를 말살시키려 든다. 적수의 존재를 용인하지 않는다. 그러나 자본주의는 혼자 존재할 수 없으며, 그것이 서 있는 토양에는 다른 경제적 매개가 필요하다.

그뿐만이 아니다. 사실 자본주의는 스스로 파멸의 씨앗을 뿌리고 있다. 모든 산업 형태를 지배하게 되는 종점에 다다르면, 스스로 무너져 내릴 수밖에 없다. 내부 모순으로 분열이 일어나고 더 이상 존재가 불가능해진다.

자본주의는 전 세계적인 것이 되고자 애를 쓰지만, 내재적으로 불가능하며 결국 붕괴할 수밖에 없다. 그 역사를 보면, 자본주의는 그 자체가 모순이다.

그것이 궁극적 변증법이다.

세계를 갈가리 찢어놓는 여러 힘이 작용하면 뒤틀림이 발생하는 법이다.

이 역시 '군사산업 복합체'라는 용어가 생기기 한 세기 전이지만, 로자 룩셈부르크는 이미 자본주의와 군국주의의 불가분의 관계를 꿰뚫어보고 있다.

무력은 자본주의가 동원할 수 있는 유일한 해법이며, 자본의 축적은 무력을 항구적 무기로 이용한다.

그녀의 글은 시의적절했다. 유럽은 세계적으로 전례가 없는 전쟁 속으로 뛰어들 태세를 갖춘 군인들의 행군 소리가 울려 퍼지는 중이다.

유럽 전역에서 군대가 소집될 것이며, 각국의 꽃 같은 청년 1600만~1800만 명이 최고의 살상 무기로 무장하고 전쟁에 동원되어 서로를 공격할 것입니다. 이제 우리는 대재앙 속으로 끌려 들어갈 것이며, 그들은 뿌린 대로 거둘 것입니다.

세계대전. 로자는 그 논리적 필연성을 입증해 보였다.

자본주의는 세계를 불살라버릴 준비가 되어 있다.

독일의 사회민주주의 운동은 그 어느 때보다도 중요한 시기를 맞았다. 로자가 적고 있듯, 사민당은 425만 표 이상을 얻어 선거사상 역대 최고의 승리를 거둔다. 의석 110개를 얻어 마침내 제국의회 최대 정당이 된다.

그리고 1907년 슈투트가르트에서 열린 인터내셔널 대회 결의안(로자가 초안 작성에 참여)의 구속을 받게 된다. "전쟁 발발을 막기 위해 최선의 노력을 하는 것은 노동자계급과 그들을 대표하는 의원들의 의무다."

전쟁은 범죄다! 전쟁에 반대한다!
오늘날 노동자는 그저 묵묵히
도살장으로 끌려갈 신세인가?

공포, 분노, 울분의 외침이 온 나라를 가득 채울 것이다.
그리하여 결국 민중이 일어나 이 살육에 종지부를 찍지
않겠는가?

자본주의는 유럽을 포연 가득한 전쟁터로 바꾸려 들고 있다.
우리는 온 힘을 다해 자본주의에 맞서 싸울 것이다.

The
Accumulation
of Capital

Dr. R
Luxemburg*

적어도, 로자만큼은 그런 각오다.

*『자본의 축적』 로자 룩셈부르크 박사. ─옮긴이

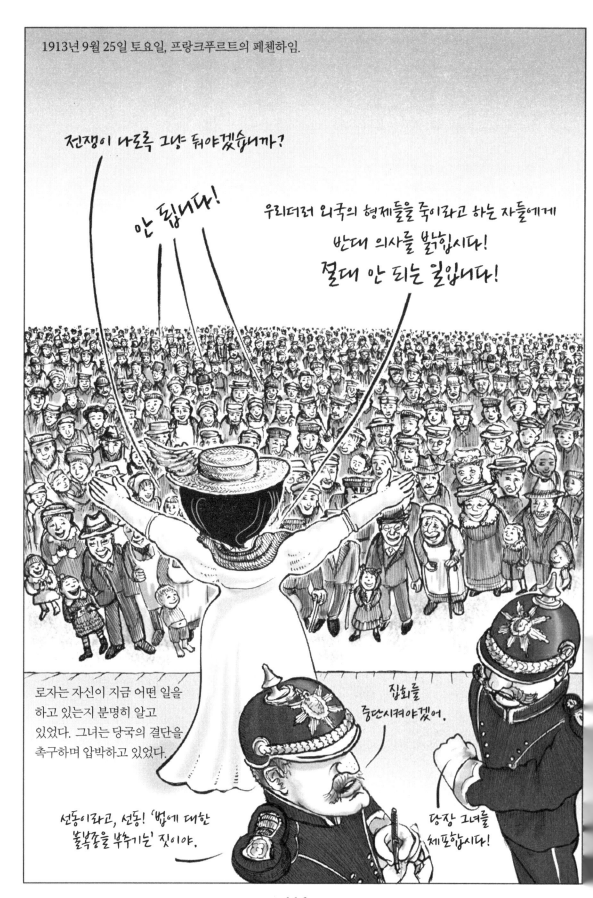

1914년 2월 20일. 로자는 기소 내용에 답변하기 위해 프랑크푸르트 법정에 출두한다. 혁명 동지이자 유능하고 젊은 변호사인 파울 리바이가 로자의 변호를 담당한다. 이들의 관심사는 사실 로자의 무죄 입증이 아니다.

전쟁은 야만적이고, 반사회적이며, 반동적인 현상입니다. 민중의 이익에 완전히 반하는 일입니다.

대다수 민중이 이 같은 결론에 도달한다면 전쟁은 불가능할 겁니다. 이러한 의식을 일깨우는 것이야말로 사회민주주의의 과업입니다

구금형을 피할 수 없었으나, 로자는 항소를 제기한다. 검찰 측은 보석 허가에 반대 의사를 밝힌다...

피고는 도주의 우려가 큰 인물입니다.

검사님, 당신이라면 도주할 수도 있겠죠. 사민당원은 도주 같은 거 안합니다. 스스로의 행동을 믿고 지지하며 판사님의 판결을 비웃을 뿐이지요.

자, 이제 형을 선고하시죠!

징역 1년을 선고한다!

탕!

형기의 개시 시점은 항소 제기로 연기된다. 로자 룩셈부르크 박사는 독일을 떠날 수도 있다.

당신이 이번 형을 피하기 위해 독일을 떠날 거라고 예상하는 동지들이 있어.

레오 요기헤스, 섬섬하다기보다는 재밌는 얘기네.

내가 교수형에 처할 상황이라 해도 난 도망치지 않을 거야. 희생은 사회주의자가 할 일 중 하나지. 당연히 해야 할 일이야.

투쟁이여, 영원하라.

CHINK

우리는 이번 재판이 가져다 준 홍보 효과를 발판 삼아야 해. 독일 전역에 목소리를 낼 기회라고.

우리? 나랑 리바이 씨.

흠, 당신 변호사 말이군. 그 사람 좋아하기라도 해?

그래, 정말 괜찮은 사람이야.

로자는 담당 변호사를 많이 좋아한다.

리바이 씨, 준비됐어요?

그럼요, 룩셈부르크 박사님.

여름 내내 그들은 서로 '호감'을 품고 지내다가, 이들의 관계는 점차 우정으로까지 무르익어간다.

당신이 정말 괜찮은 사람인 거, 본인도 알죠?

물론 알죠.

하지만 당신은 바람둥이야. 많은 여자의 심장을 부서뜨리지. 그래도 내 심장은 부서뜨리지 못할 거예요.

룩셈부르크와
리바이는 집회에
참석해 연설을 한다.

우리 젊은이들을 노예 취급하는 이 군대는 대체 뭐란 말입니까?
조국의 수호자들을 어떻게 대하고 있습니까?
아주 형편없이 대하고 있죠!
강압적인 훈련과 혹독한 신고식으로 고문하고 있어요.
장교급에서 비인도적 행위가
벌어지고 있습니다.

...그리고 당국은 또다시 이들을
예의주시하기 시작한다.

1914년 6월

자기야!
이거 대단하다!
나 또 고소당했어.
이번엔 전쟁장관이
직접 했네!

'사유는 장교단
모독!'

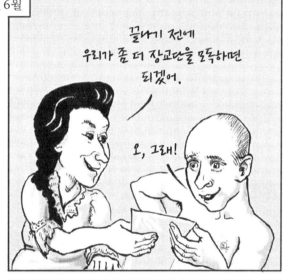

끝나기 전에
우리가 좀 더 장교단을 모독하면
되겠어.

오, 그래!

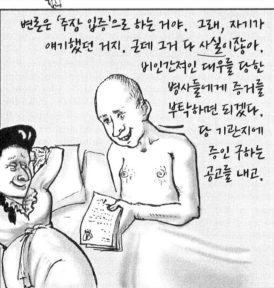

변론은 '주장 입증'으로 하는 거야. 그래, 자기가
얘기했던 거지. 근데 그거 다 사실이잖아.
비인간적인 대우를 당한
병사들에게 증거를
부탁하면 되겠다.
당 기관지에
증인 구하는
공고를 내고.

노동자들은 당신을
좋아해.

당신을 보호하기
위해서라면
목소리를
내줄 거야.

119

사민당 변호사들의 친위대 노릇을 하던 원년 멤버들은 정치적 목적을 위해 재판 절차의 전복을 꾀하려는 리바이의 의중에 혼란과 당혹감을 느낀다.

증인 구함? 신문에?

이 사람아, 대체 무슨 짓을 하고 있는 거야? 룩셈부르크 양은 말야~

~룩셈부르크 박사입니다.

~그 여자는 이미 징역 1년을 받았다고. 당연히 최상의 전략은 선처를 구하는 거야. 무죄를 주장하며 시간을 끌어야지.

아, 그게 아닙니다. 우리는 공판 기일을 최대한 앞당길 생각입니다. 전쟁장관은 군의 가혹 행위 문제를 질질 끌어서 결국 흐지부지 잊게 만들고 싶어 하죠. 우리는 이 문제 공론화시킬 겁니다.

법정으로 갈 겁니다. 언론을 끌어들여 대중에게 알릴 겁니다.

거긴 재판정이야! 서커스장이 아니라고!

자네, 피고 생각도 해야지. 전략이 역풍을 맞으면 어떡할 셈인가?

룩셈부르크 박사도 동의한 거예요. 혹독한 처벌로 인한 프로파간다 효과는 엄청날 테니까요!

세상에! 로자가 무죄판결을 받게 할 생각이 있긴 있나?

두고 보세요, 영감님!

1914년 6월 28일.
프란츠 페르디난트 대공 부부가
보스니아의 세르비아계 민족주의자
가브릴로 프린치프에게
암살당한다.

프린치프가 어느
샌드위치 가게에서 막
나왔을 때 대공의 차가
그쪽으로 방향을 틀어
멈춰 섰다는 것이다.

소피! 죽으면
안돼! 우리 애들을
생각해서라도.

...다들
알다시피
이 총격은
여러 사건을
연쇄적으로
촉발하게
된다...

...그리고 상황은
세계대전의 발발까지
거침없이 치닫는다...

...사실 여부도 알 수 없는 샌드위치 하나가
국제적인 재앙을 불러일으킬 수도 있다는 듯...

...실제로는 당시 군사조직은
이미 한참 전부터 시동이 걸린 상태였다.

바로 다음 날, 로자의 재판이 시작된다. 리바이는 형세를 역전시켜 군 조직을 피고석에 앉히게 된다.

이번 기소 건은 전쟁장관이 시작한 겁니다. 그런데 장관은 왜 반대심문 출석을 안 합니까? 장본인 없이 대체 재판을 어떻게 진행하죠?

셀리그만 판사님, 전직 육군 장교시죠, 그렇죠? 슐츠 판사님 역시 장교 출신이시고요? 이번 사건에 대해 어떤 공정함을 발휘할 수 있겠습니까? 저희 피고 측은 정중히 요구합니다. 재판관들은 스스로 자격이 있는지 생각해 보고 물러나주십시오.

배심원단 여러분, 여기 106명의 증인이 있습니다. 모두 일반 사병이죠. 독일군 장교들의 비인도적 행위와 잔학성에 대해 증언을 해줄 겁니다. 하지만 이들은 일부에 불과합니다. 가혹 행위 사례라면 3만 건도 증언 가능합니다. 기록은 50만 건 정도를 거뜬히 채울 수 있고요.

가해자 측은 장교단입니다.

군의 가혹 행위에 대한 증언이 잇따를 것이라는 예상이 언론에 연일 오르내리자, 전쟁장관은 소송 절차를 조용히 무기한 연기한다.

장관님, 룩셈부르크 건은 어떻게 할까요?

그 여자 얘기 꺼내지도 마!

1914년 8월 4일.

이제 자유네.

지금은 그렇죠, 근데 그게 뭐 대순가요? 한때는 여성투표권을 쟁취하는 데 내 인생을 바치고 싶었는데. 젠장, 콜라라. 이번엔 됐으면 좋겠네요.

황제의 전쟁 계획에 관한 중대한 의결을 위해 제국의회가 소집된다. 이전까지 사민당은 자본주의적 성격의 예산은 승인한 적이 없었다.

그런데 이번에는 승인을 한다. 익명으로, 110명의 사회주의자 의원이 세계대전에 찬성표를 던진 것이다.

위급할 때 조국의 편에 서야지.

이번 결정에 나도 마음이 편하진 않지만, 협정을 깰 수는 없잖아.

크리스마스 전엔 다 끝날 거요.

이럴 수가! 당신들 무슨 짓을 한 거죠? 다들 나랑 눈도 안 마주치는군요?

123

사회주의인터내셔널, 1914년 7월 30일,
브뤼셀.

♪♫ 동지들이여 단결하자,
그리고 우리 앞의
마지막 투쟁을...

우리가 아는 조약은 단 하나입니다!
우리를 인류애로 묶어주는 조약이죠!

♪ ...인터내셔널이
인류를 화합시키네 ♫

용감한 여성 로자 룩셈부르크를 소개하겠습니다.
독일 프롤레타리아트의 가슴에
불을 지핀 분이죠.

와아!

와아!

못 하겠어요.

로자는 할 말을
잃고 만다.

디펜바흐 박사님, 인터내셔널은 이제 죽었어요.

카우츠키가 쓴 글 봤어요?
"인터내셔널은 전쟁에서는 효과적인 무기가 아니다. 평화의 도구일 뿐이다."

카우츠키는 『공산당선언』도 다시 쓸 거예요!

"만국의 프롤레타리아계급이여, 평화 시에는 단결하라, 하지만 전쟁 시에는 서로 목을 베어라!"

한스, 게다가 난 지금 당신마저 보내야 하고요.

아니... 내 말은... 당신이 보고 싶을 거예요.

못 가겠어! 떠나고 싶지 않아요!

돌아올 수 있을 것 같지가 않아.

쉿...

검열이 심해진다. 로자는 자신이 결국 감옥에 가게 될 걸 알면서도
온 힘을 다해 계속 싸운다.

"우리는 전쟁에 대해 전혀 다른 관점을 가지고
있다는 걸 외국의 동지들에게도
분명히 알릴 필요가
있다는 생각이
들었습니다.
계엄 때문에
더 자세히는
못 쓰겠군요."

각국 언론에 보내는
서신이에요. 그들이 우릴
교수형에 처할 순 없으니까.
리프크네히트 씨? 클라라?

내가 서명하겠소.

이리 줘요.

1914년 12월 2일.
제국의회는
전쟁 자금 요청을
또 한 번 검토하게 된다.

반대 의견은
단 한 명이다.
사민당 의원
카를 리프크네히트.

그는 더 이상의
정치적 발언을 제지당한다...

...그리고 1916년 5월 1일,
체포된다.

전쟁에 반대한다!

적군이 여기 있었군!
자기 나라에서 뭐하는
짓이야?

이 짐승들아, 그분을 놔라!

126

1916년 7월 10일.　　　　　　로자는 '군 보호감호'를 받게 된다.　　　　　　그것도 무기한.

대량학살은 익숙하고 단조로운 일이 되었는데도, 최종 해결은 여전히 요원하다. 자본주의의 지배는 자기 덫에 걸려버렸고, 자기가 소환해 낸 정신을 더는 막지 못한다.

처음의 광기 어린 망상은 이미 지나가고 없다. 애국자들의 가두시위도, 노래하는 군중도, 난폭한 무리들도 모두 가고 없다. 쇼는 끝났다. 예비군들을 가득 실은 열차가 열정 넘치는 아가씨들의 환호 속에 출발할 때 그 위로 이미 막은 내려졌다. 전쟁에 미친 군중을 향해 차창 너머로 밝게 웃는 그 얼굴들을 우리는 더 이상 볼 수 없다. 그들은 어깨에 자루를 멘 채 말없이 거리를 가로질러 걷고, 찌든 표정의 민중은 일상을 지속할 뿐이다.

흐릿한 햇살 속 공기 중엔 환멸이 감돌고 낯선 합창소리가 울려 퍼진다. 전쟁터의 매와 하이에나가 목이 쉬도록 울어댄다. 막사 1만여 개에는 규정대로라면 (물품 인도 즉시 현금을 지급해 구입하는) 베이컨, 코코아 파우더, 커피 대용품 따위가 10만 킬로그램은 보장된다. 유산탄, 훈련, 탄약 가방, 전쟁 과부들을 위한 결혼상담소, 가죽벨트, 전쟁 명령 같은 중요한 문제들만 다뤄진다. 그리고 8월과 9월에 열차에 실린 총알받이가 보주 산맥과 벨기에의 전쟁터에서 썩어가는 동안, 죽은 자의 땅에서는 이윤이 잡초처럼 무성하게 돋아나고 있었다.

사업은 폐허 위에서 번창하는 중이다. 도시는 도살장으로 변했고, 나라마다 사막이 되었으며, 마을들은 공동묘지로, 온 나라가 거지 소굴로, 교회는 마구간으로 변했다. 민중의 권리, 조약, 동맹, 최고의 진리, 최고의 권위 따위는 모두 휴지 조각이 되어버렸다. 베네치아, 리스본, 모스크바, 싱가포르에서 기아가 반란을 일으키고, 러시아에서는 역병이, 곳곳에서는 고통과 절망이 고개를 든다.

치욕과 불명예를 뒤집어 쓴 채 핏물을 철벅거리며 오물에 흠뻑 젖은 모습으로 자본주의사회가 서 있다. 흔히 생각하듯 평화와 정의, 질서, 철학, 윤리의 역할을 담당하기는커녕 날숨마다 역병의 기운을 내뿜으며 난장판을 만들고 울부짖는 한 마리 짐승처럼 문화와 인류를 파괴하고 있다. 자본주의는 그렇게 흉측하게 벌거벗은 모습을 드러낸다.

「유니우스 팸플릿」 로자 룩셈부르크, 1916년 출간.

한센,* 자요?

난 지금 당신 귀를 간질거릴 만한 길다란 지푸라기를 들고 있는데.

*한센은 한스의 애칭.—옮긴이

누가 옆에 있었으면 좋겠어, 슬퍼. 내 속을 다 털어놓고 싶어요. 최근 며칠간 나는 계속 화가 나서 불행하고 몸까지 아팠어요. 아니, 그 반대였나? 몸이 아파서 불행하고 그래서 화가 났던 건가? 이젠 나도 모르겠어. 지금은 괜찮아졌고, 맹세컨대 앞으로 두 번 다시는 내 안의 악마에게 귀 기울이지 않을 거야.

맙소사, 햇살이 날 비추고 새들은 아주 오래된 노래를 부르는데도 감사하고 즐거워할 다른 이유가 아직도 더 필요하다니...

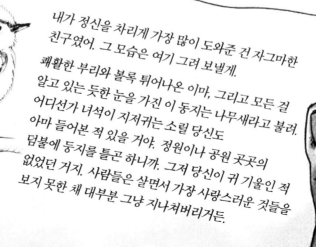

내가 정신을 차리게 가장 많이 도와준 건 자그마한 친구였어. 그 모습은 여기 그려 보낼게. 쾌활한 부리와 볼록 튀어나온 이마, 그리고 모든 걸 알고 있는 듯한 눈을 가진 이 동지는 나무새라고 불려. 어디선가 녀석이 지저귀는 소릴 당신도 아마 들어본 적 있을 거야. 정원이나 공원 곳곳의 덤불에 둥지를 틀곤 하니까. 그저 당신이 귀 기울인 적 없었던 거지. 사람들은 살면서 가장 사랑스러운 것들을 보지 못한 채 대부분 그냥 지나쳐버리거든.

이 녀석은 좀 괴짜야. 다른 새들과는 달리 한 가지 노래나 한 가지 곡조만 부르는 게 아니거든. 주로 정원을 향해 연설을 하는 장황한 연설가인데, 우렁찬 목소리는 극도의 흥분과 비약적 전개, 군데군데 고조된 비장함으로 가득 차 있어.

말도 안 되는 질문을 던지고는 곧바로 엉뚱하게 직접 대답을 하기도 해. 가장 대담한 주장을 하기도 하고, 아무도 내놓은 적 없는 의견에 열띤 반박을 하기도 하고, 활짝 열린 문 사이로 풀쩍 뛰어 들어와서는 갑자기 의기양양하게 이렇게 외치기도 하지.

내가 그랬지? 내가 그랬지?

그러고는 또 금세 점잖게 경고를 해. 남이 듣든지 말든지 상관없이 말야.

두고 봐! 두고 봐!

(재치 있는 말은 꼭 두 번씩 되풀이하는 영리한 습관이 있지.)

이 녀석은 지치는 법도 없이 계속 정원을 완벽한 난센스로 가득 채우는 거야. 이 녀석이 연설을 하는 동안 정적이 흐를 때면, 심지어 다른 새들은 서로 눈빛을 주고받으며 어깨를 으쓱거리기까지 한다니까.

귀여운 멍청이!

하지만 난 어깨를 으쓱거리지 않지. 대신 매번 즐겁게 웃음을 터뜨려. 눈치챘겠지만, 녀석의 바보같은 재잘거림이 실은 가장 심오한 지혜이며 어느 모로 보나 그가 옳다는 걸 난 잘 알거든.

한셴, 오늘은 하늘이 얼마나 푸르렀는지 아마 모를 거예요!

보통 저녁 투옥 시간 전에 또 30분쯤 내가 돌보는 작은 화단으로 바람을 쐬러 나가요. 작은 깡통으로 꽃에 물도 주고 정원 주변을 몇 걸음 더 걷기도 해.

해질녘은 그 자체로 마법 같은 시간이야. 아직 뜨거운 태양이 기꺼이 그 비스듬한 햇살로 목덜미와 두 뺨을 데워주니까, 마치 입맞춤처럼 말야.

마치 입맞춤처럼.

대기의 부드러운 숨결은 서늘한 저녁이 곧 올 거라 약속하듯 속삭이며 덤불을 살살 흔들고, 낮의 열기를 뿜어내지.

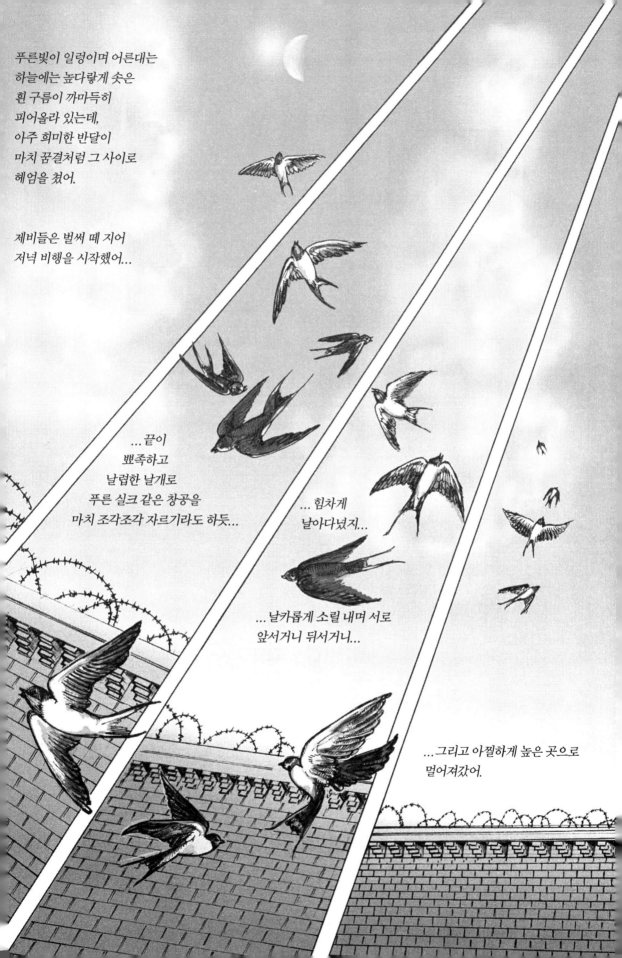

푸른빛이 일렁이며 어른대는
하늘에는 높다랗게 솟은
흰 구름이 까마득히
피어올라 있는데,
아주 희미한 반달이
마치 꿈결처럼 그 사이로
헤엄을 쳤어.

제비들은 벌써 떼 지어
저녁 비행을 시작했어...

...끝이
뾰족하고
날렵한 날개로
푸른 실크 같은 창공을
마치 조각조각 자르기라도 하듯...

...힘차게
날아다녔지...

...날카롭게 소릴 내며 서로
앞서거니 뒤서거니...

...그리고 아찔하게 높은 곳으로
멀어져갔어.

물이 떨어지는 작은 깡통을
손에 든 채 서 있는데
희미하게 빛나는 그 물기
어린 푸르름 속으로
어찌나 뛰어들고
싶던지...

몸을 풍덩 담그고...

첨벙거리다...

녹아들고

사라지고

촉촉하게
빛나는
푸르름

...이슬처럼 완전히 녹아들어,
마침내 사라지고 싶었지.

나는 늘 준비가 돼 있고 기회만 오면 곧바로 세계사라는 피아노 건반을 열 손가락으로 힘껏 쳐낼 거야, 제대로 소리가 나도록 말야.

그런데 어쩌다 보니 지금 난 세계사에서 물러나 '휴가 중'이네. 난 아무 잘못도 한 게 없는데...

브롱키 교도소 바깥에서 세계사는 계속 진행 중이다...

1917년 1월, 군 수뇌부의 무능함으로 인해 수백만 명이 희생된다.
인간은 기관총의 포화 속을 돌파할 수 없다는 사실을 사령관들이 알지 못했던 것이다.

동부전선과 서부전선은 그대로 멈춰 서고, 사상자 수가 치솟는다.
상상을 초월하는 참호전의 공포는 지속된다.

3월(러시아력 2월), 세계 여성의 날 집회는 점차 대규모 파업으로 확산되어 페트로그라드(상트페테르부르크의 옛이름)를 집어삼킨다.

군인들은 발포 명령을 거부한다. 군중의 대다수가 여성이었기 때문이다.

니콜라스 황제는 황위에서 물러나 가택 연금 조치된다.

두마*는 국가를 통치하려 하나, 여전히 상당한 권력이 노동자평의회에 있다.

*1906~1917년에 있었던 제정러시아의 하원.—옮긴이

볼셰비키는 증오스러운 전쟁을 종식시키기 위한 운동을 시작한다.

5월이 되자, 프랑스군 54개 사단이 반란을 일으킨다.
프랑스 공세 작전의 중단을 요구하고 나선 것이다.

영국의 노동자들은 파업으로 모든 요구를 쟁취한다.

나는 군 당국에 대한 의도적 저항 행위로서 이 성명서를 작성하고 있습니다. 전쟁을 끝낼 만한 힘을 가진 자들에
의해 전쟁이 고의적으로 연장되고 있다고 나는 믿어 의심치 않기 때문입니다.

7월 30일, 영국 군인
시그프리드 서순의 편지가 영국 하원에서 낭독된다.
독일 제국의회에 반전 분위기가 확산된다. 사민당은 분열된다. 평화주의자들은 당을 떠나 독립사민당을 창당한다.

8월 2일, 독일 드레드노트급 전함 프린츠레겐트 루이트폴트에서 해군들이 명령 복종을 거부한다.
주동자들은 총살당한다.　*20세기 초의 영국 전함으로, 노급전함(弩級戰艦)이라고도 한다.—옮긴이

9월 12일, 영국군 1천여 명이 에타플에서 일주일간 반란을 도모한다.

10월 25일(러시아력), 레닌과 볼셰비키는 겨울궁전을 급습하여...

...임시정부를 해체시키고...

...러시아를 장악한다.

10월 24일 한밤중에 한스 디펜바흐는 수류탄 폭격으로 목숨을 잃는다.

로자의 삶은 대부분
편지를 통해 표현된다.
이 순간 편지는 더할
나위 없이 그녀를
아프게 찌르는
매개체가 된다. 로자는
한스 디펜바흐의
죽음을 편지로 접한다.

나는 무서운
검은 편지봉투를
받았습니다.

봉투의 글씨와
소인을 본
순간 이미
제 손과 심장이
떨려오기
시작했지만,
최악의 소식은
아니기를
계속 빌었어요.

어떻게 이런
일이 있을 수
있죠?

문장 중간에서
갑자기 끝나버린
단어 같아요.

갑자기 끊긴
화음 같기도
해요. 나는
아직도 듣고
있는데 말이죠.

전쟁이 끝나면
우린 평생 함께할
계획이 천 개는
있었어요. 인생을
만끽하고, 여행을
다니며, 좋은 책을
읽고, 지금껏 못해
봤으니 다가오는
봄을 경이로운
눈으로 맞아보고
싶었죠.

도무지 이해가 안 돼요.
감히 생각조차
못 하겠어요. 안 그러면
견딜 수 없으니까.
난 그가 아직 여기 있다고
꿈꾸며 살아요.
생전의 모습으로 내 앞에
있는 그를 상상하며,
내 온갖 생각을 그와
함께 나누죠. 내 안에서
그는 계속 살아 숨 쉬고
있어요.

어제는 그에게 써
보냈던 편지가
되돌아왔어요.
벌써 두 번째예요.
편지가 그에게
가닿지를 않네요.

당신이 편지를
집어들고 입술에
갖다대기를
기다리고 있어.

142

그동안 난 여기서 몸서리쳐지게
고통스러운 일을 겪어왔어요.

앞뜰에 종종 군용 배급
짐마차들이 들어오곤 해요.
배낭이며 낡은 군복 셔츠나
외투가 가득 실려 있는데
대부분 핏자국이 남아 있죠...
감방마다 나눠주어 이리저리
깁고 손질시킨 다음 차에 싣고
다시 군대로 보내는 거예요.

어느 짐마차는 말들 대신
물소들이 끌고 왔더군요.
우리가 보던 소보다 힘도 세고
덩치도 크죠. 평평한 머리에
날렵한 곡선으로 뒤로 뻗은 뿔이
한 쌍 달려 있는데 머리 모양은
양과도 비슷해요.
온통 새까만 데다 크고 순한
검은 눈을 가졌어요.
루마니아에서 전리품으로
데려온 녀석들이었어요.
이 야생동물들을 포획하는 것도
힘들었고
수레 끄는 일을 시키는 건
훨씬 더 힘들었대요. 녀석들은
자유에 익숙했을 테니까요.
전쟁에서 진 쪽이라는 개념이
주입될 때까지 혹독한 매질을
당해야 했어요.

하도 높다랗게 짐이 실려 있어서
물소들이 교도소 문턱을 넘질
못했어요. 짐마차에 타고 있던
잔인한 군인은 들고 있던 채찍
손잡이의 뭉툭한 끝으로 가차
없이 매를 때리기 시작했어요...

물소들은 마침내 짐마차를
다시 끌고 문턱을 넘긴
했는데, 한 마리는 피를
흘리고 있었어요... 물소
가죽은 튼튼하고 두껍기로
유명한데 그 단단한 피부에
상처가 난 거죠.

물소들은 아무 소리도 내지
않고 지친 모습으로 그대로
서 있었어요. 그 녀석은
눈앞의 허공을 물끄러미
바라만 보고 있는데
그 얼굴과 순하고 검은 눈이
마치 학대받은 어린아이
같은 표정이었어요. 매를
맞았는데도 이유도 근거도
알 수 없고 이 고통과
거침없는 폭력으로부터
벗어날 길도 알지 못하는
바로 그런 표정이었죠.

내 눈에서 눈물이 흘러내렸어요...
그건 녀석의 눈물이었죠.

루마니아의 그 아름답고 자유롭고 보드랍고
푸르른 초원은 이제 얼마나 멀어져 버렸으며
얼마나 돌이킬 수 없이 잃어버리고 만 것일까!
그리고 여기, 이 낯설고 추악한 도시, 음울한
축사, 구역질나는 것들, 썩은 지푸라기들이 섞인
더러운 건초더미, 기이하고 두려운 인간들,
─온통 구타와 상처에서 흐르는 피...
아, 이 가엾은 물소, 내 가엾은 사랑하는 형제!
우린 둘 다 할 말도 잃은 채 무력하게 여기
서 있고, 똑같은 통증과 무기력과
그리움을 느끼고 있었어요.

전쟁이라는 이 놀라운 파노라마 전체가
그렇게 내 눈앞을 스쳐갔어요.

독일은
전쟁에서 졌습니다.

이미 막강한 3개국 군대에 맞서 싸우며 교착 상태에 빠진 독일로서는 네 번째 전투를 치를 여력이 없다.
1918년 여름, 서부전선에는 미군 200만 명의 병력이 추가로 투입된다. 독일의 방어선은 무너진다.

10월 3일, 막스 폰 바덴 공이 제국총리(Chancellor) 자리에 오르고, 연립내각이 구성된다.
사회주의자 필리프 샤이데만이 무임소장관이 된다. 그날 밤, 평화교섭 시도가 이루어지지만, 너무 늦었다.
사태 수습은 요원한 상황이다.

10월 내내 전쟁은 이어진다. 영국군은 독일 해군의 절멸을
조건으로 휴전을 할 것이 분명하므로, 독일 해군 수뇌부는
죽음 아니면 영광이라는 각오로 목숨을 건 마지막 교전에
전함을 투입하기로 결정한다.

그러나 수병들은 생각이 다르다.

1918년 10월 29일, 빌헬름스하펜 해군기지.

리프크네히트여,
영원하라!

리프크네히트여,
영원하라!

신병 쪼지에서
오늘 밤이야...

오늘 밤이다.
전달해...

SMS 헬골란트...   SMS 마르크그라프...   ...SMS 튀링겐...   ...SMS 쾨니히...

각 전함 대표 모두 왔습니다.

때가 됐다.
지금 아니면 끝이다. 신호를 보내는 곳부터 점령하는 거다.
일단 군함을 접수하고 나면 큰 돛대의 망루에 붉은 깃발을 단다. 새날의 붉은 새벽을 맞으러 가자!

147

튀링겐과 마르크그라프만
붉은 깃발이 걸려 있다.
하지만 아직 전투가 벌어진 곳은 없다.

죽음 아니면 영광?
차라리 여기서 죽겠어.

해군 수뇌부는 전투 계획을 포기한다. 함대를 다시 장악하게 된 그들은
킬 모항으로 회항한 뒤 수병 49명을 반란 혐의로 체포한다. 그러나 이들의 반란 진압 시도는 역풍을 맞는다.

당장
군함으로
복귀하라! 명령이다!!

우리 전우들을
체포할 순 없지!

함께합시다!

송구로부터 우리
형제들을 보호하자!

평화!
빵!
자유!

타타타타타타-타

총소리가
나는 것
같은데.

해질녘이 되자, 혁명파 군인들과 노동자평의회가 도시를 장악하게 되었다. 봉기를 진압하기 위해 보병대가 투입됐지만 이들도 곧 대의에 공감하여 혁명에 동참한다.

세계대전을 거치며, 부르주아계급은 지배할 권리를 박탈당했다. 제국주의가 한바탕 휩쓸고 간 뒤 붕괴돼 버린 경제라는 재앙으로부터 사회를 이끌어갈 능력이 더는 없었다. 로자 룩셈부르크―스파르타쿠스단이 원하는 건 무엇인가?

149

1918년 11월 11일, 베를린.

*Die Rote Fahne, '붉은 깃발'이라는 뜻. —옮긴이

음, 우리가 인쇄를 할 수 있다고 치면...

...우리 요구 내용이 뭐죠? 나도 생각을 좀 보탤까 하는데.

물론이죠!

우선, 혁명을 공고히 하고요. 식량을 압수해서 굶주리는 사람들에게 배급하는 거예요. 무기도 몰수하고요. 성인 노동인구 전체에서 노동자 민병대를 조직하고, 장교를 선출해서 노동자 제어를 담당시키는 거죠.

루덴도르프를 비롯한 장성들은 전범 재판에 회부하고요.

귀족제를 폐지하고 일정 수준 이상의 모든 사유재산은 몰수해야 해요. 그렇게 해서 식량, 주택, 보건, 교육 제도를 정비할 자금을 마련하는 거죠. 경제요? 국가 부채와 전시공채는 상환 거부하고 깨끗한 백지상태에서 시작해야 해요. 은행, 광산, 중공업은 국유화하고요. 대중교통 시스템을 장악하는 거예요. 대규모 부동산을 점유해서 집단 경작에 들어가고요. 노동시간은 하루 6시간으로 합니다.

이게 어떻게 가능할까요? 민중이 노동자군인평의회를 선출합니다. 이들을 관장하는 중앙평의회가 3개월에 한 번씩 회의를 소집하고 집행위원회의 활동을 지시하는 거죠. 그 밖에요? 아, 그렇죠, 사회적으로 그리고 법적으로 안전한 양성평등이요.

누구 뭐 다른 내용을 덧붙이실 거 있어요?

펄명은 뭘로 내보내죠?

우리가 전쟁 중에 썼던 그 이름 그대로 하죠.

스파르타쿠스단. 노예가 반란을 일으켜야만 한다면, 지금이 바로 그때예요.

그러나 11월 18일이 돼도 스파르타쿠스단의 기관지는 나오지 않는다. 할당받은 종이 배급량이 너무 적다. 권력을 쥔 누군가가 이들의 메시지가 전파되는 것을 원치 않는다...

전날, 11월 10일. 독일의 새 지도자 취임 첫날.

프리츠 에베르트,
안장을 만들던 사람이다.

독일의 최고지도자!
프리츠, 한 번 해보자구.

팅!

젠장

이 셔츠 좀 고쳐라.

네, 알겠습니다.

계란 두 개랑
커피.

네,
알겠습니다.

제대로 된 커피라니! 루이제,
이게 바로 인생이야.
가정부한테는 한때 당신도 하던
일이라는 거 모르게 하는 편이 나아,
그치? 응?
안 그래?

전화 왔습니다.
전용선이라는데요.

무슨 전용선?

여보세요?

네?

에베르트?
나 그뢰너요.

여기 루덴도르프 장군님과
같이 있소.

154

군의 충성을 약속하겠소...

알겠습니다. 진심으로 고맙습니다, 네.

군인노동자평의회라니 이건 말도 안 돼요.

우리가 정하는 게 곧 법이라고 전하게.

우리가 정하는 게 곧 법입니다. 그게 지원 조건이오.

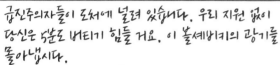

급진주의자들이 도처에 널려 있습니다. 우리 지원 없이 당신은 5분도 버티기 힘들 거요. 이 볼셰비키의 광기를 몰아냅시다.

전에도 얘기한 적 있지만 다시 한 번 말하는데, 나는 혁명을 증오합니다.

들던 중 반가운 소리군요.

개인 재산을 숨겨두고,

히죽

진정시킨 다음,

우적우적

거리에서 떼거지들을 몰아내는 거야.

와구와구

히죽

와그작

그런 다음 모든 노동자평의회에 사민당원들로 가득한지 확인도 하고.

급진주의자들이 거리에 나와 있다. 대중이 느끼는 혼란을 어느 정도 해소해 주기 위해서다.

이제 사회주의는 인류가 나아갈 유일한 길입니다. 『공산당선언』에 나와 있죠. "사회주의인가 야만인가!"

우린 이미 사회주의를 선택했습니다. 사민당이 많았죠.

황제는 없어졌어요.

한 사람당 한 표가 생겼죠.

하루 8시간 노동이오. 아무래도 좀 낫죠?

'좀 낫다'고요? 우리가 고작 그걸 위해 싸우나요? 상상해 보세요! 고용주와 임금의 노예들 대신, 자유로운 노동자 동지들이 있어요! 누군가의 괴롭힘 때문이 아니라 각자의 할 일이라서 하는 노동! 이제 모두가 인간답고 정직한 삶을 누리는 겁니다!

사회주의를 진실로, 사실로 만들기 위해서는 자본주의를 무너뜨려야 합니다! 완전히 뿌리 뽑읍시다!

늘 그랬듯, 로자의 국적에 대한 의문이 계급 정치마저도 진흙탕으로 만들어버린다.

저 여자는 러시아 첩보원이네요! 우리를 사회주의 러시아에 흡수시키려는 거라고요!

아뇨! 나는 사회주의 독일이 보고 싶은 겁니다! 만국의 프롤레타리아계급이 힘을 합쳐 일어서야 해요!

동지들...

나더러 피 흘리고 있는 러시아랑 합치란 소린 아니시겠지!

러시아 첩보원 이라고요?

힘든 관중들이네요.

156

러시아 상황에 대해 난 잘 모르겠어요.

사다리가 없어요. 파울, 좀 잡아줘요.

자세히 얘기해 봐요.

오, 지금은 자세히 설명할 시간이 없어요. 나중에 책으로 쓸게요. 내 오랜 친구인 레닌의 공포정치에 실망했다는 정도만 얘기할래요.

볼셰비키는 왜 언론의 자유와 결사의 자유를 금지하는 걸까요? 정치에서 유익하고 건전하고 정화시키는 모든 것의 대전제는 이거예요. '자유'는 특권이 아니다.

특정 당파의 지지자들만을 위한 자유는 자유가 아니죠. 자유는 제각기 다른 생각을 하는 모든 이를 위한, 항상 절대적인 자유예요.

사람 죽는 거라면 정말 끔찍해요. 프롤레타리아혁명은 목적 달성을 위한 공포 따위 필요치 않아요. 우린 그런 무기 필요 없어요.

157

에베르트는 그런 무기가 필요하다. 공포 전문가들이 군대를 훈련시키는 중이다. 자유군단이다.

잊지 마라, 용감한 독일군이여, 우리는 전쟁에서 지지 않았다! 우리는 배신을 당한 것이다! 우리 등에 칼을 꽂은 자들이 있었다! 그건 바로 사회주의자, 노조, 그리고 유대인이다!

그리고 예수회! 프리메이슨! 프로이센 출신을 제외한 모든 프리메이슨 구성원! 프리메이슨도 독일 배반 세력에게 힘을 보탰다!

프리메이슨은 언급하지 않는 게 낫겠습니다. 사회주의자랑 유대인으로 한정하시죠.

우릴 전부 사회주의의 수렁으로 끌고 들어가는 건 시온주의 세력의 음모다! 내부의 적들 때문에 조국이 치명상을 입었어! 반격에 나설 때다!

장군님, 구스타프 노스케 씹니다. 에베르트 씨의 오른팔이죠.

사민당 출신이시라고. 당신 정체가 뭔가? 땜장이 아니면 양복장이?

아닙니다. 전 사냥개죠. 냄새로 스파르타쿠스 단원들을 색출해서 궁지로 몰아넣을 겁니다.

158

반혁명 프로파간다가 본격적으로 시작된다.

최근에 놓은 포스터 봤어?

아니.

Die rote Fahne

"독일의 여성들이여! 스파르타쿠스단이 통치하면, 여자는 공공재가 될 것이다! 남자는 누구나 노동자평의회의 허가를 받아야 여자를 쓸 수 있게 된다."

이봐 레오, 우리 허가신청서 내야 되는 거였어?

오, 제발 싱거운 소리 좀 그만해!

로자는 밤낮으로 『로테파네』 원고 쓰는 데 몰두하는 것으로 반응을 대신한다.

부르주아 신사들은 자기네 재산, 특권, 이윤, 특혜 때문에 벌벌 떨고 있다.

12월 6일, 알릴 내용이 많다.

큰 길에서 시위대를 향해 발포했어. 확인된 사망자만 18명이야! 오! 이 더러운 개새끼들!

다음 날.

카를이 체포됐다가 방금 풀려났어. 아이코호로 경찰서장이 사회주의자여서 다행이야. 진정한 사회주의자지.

12월 20일.

우려했던 상황이야. 노동자군인평의회의 1차 회의가 마지막이 되겠어. 멍청한 사민당원들이 포겔로 국회에 권한을 다 넘겨버렸어. 백치 같은 의회의 통치라니.

12월 24일.

인민해상부가 정부군의 공격을 격퇴했어! 용감한 여성들이 공격자들과 화합하다, 무기를 내려놓도록 설득하다! 1면이 되겠어!

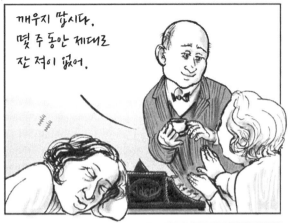

민중의 분명하고 확실한 의지가 피부로 와 닿는 데는 얼마 걸리지 않는다. 에베르트의 다음 행보는 급진주의자였던 베를린 경찰서장 에밀 아이크호른을 끌어내리는 것이다. 아이크호른은 퇴임을 거부하고, 수십만 노동자가 그를 지지하며 거리로 쏟아져 나온다. 사회주의자들의 존재가 문득 뚜렷해진 느낌이다... 1919년 1월 5일, 일요일.

누가 먼저 외쳤는지는 모르지만

포어베르츠 건물로 가자!

군중은 하나가 되어 움직이기 시작한다.

『포어베르츠』* 신문은 변절한 사민당의 상징이다. 전쟁이 터졌을 당시, 믿을 만한 사회주의 정당 기관지였던 『포어베르츠』는 선전물이 되어 황제를 칭송하더니 이제는 새 통치자를 옹호하고 있다.

*Vorwärts. '전진'이라는 뜻.—옮긴이

스파르타쿠스단을 비롯한 혁명 세력은 상황에
보조를 맞추기 위해 분주히 움직인다.

바로 이거야. 이번 기회를 놓쳐선
안돼요.

인민해상부는
우리 편이지?

그런 것 같소.

정부는 더 이상 민중의 지지를 얻지
못합니다.
우리가 에베르트를
체포해야 해요.
오늘 밤 끝냅시다.

하지만 로자는 이 회합에 대해 전혀 알지 못하고 있다.

1면 기사는 '실업'으로 가죠. 내일은
또 한 차례 시위가 있으니,
그 소식은 열면에 칼럼
절반으로 싣고.

작전이 필요해!
군인들이 있어야 한다고!

동지들!
새벽 2시예요.
눈 좀 붙입시다.

『로테파네』 다음 호에 정부 타도 요구에 관한 내용은 전혀 없다.

다음 날 아침인 1월 6일.
밤사이에 에베르트는 체포되었다. 아무도
나서지 않았지만 베를린 시민 수십만 명이
또다시 거리로 쏟아져 나온다. 이번엔
무장한 이들도 섞여 있다.

하루 종일 온갖 발언이
쏟아진다. 어느새 누군가가
주요 정부 건물들을 습격하기로
결정한다.

혁명은 어떻게 진행되어야 하는 것일까?
여러분은 정답을 알고 있습니까?
누구 아는 사람 있어요?

우리는 민중의 이름으로 전쟁부 청사를 접거한다.

아, 알겠습니다. 허가증 있습니까?

아! 여기 있어요. 혁명위원회 서류요.

흠, 안됩니다. 이걸로는 안됩니다. 서명도 없잖소.

그래요! 보십쇼! 카를 리프크네히트.

아니, 타자기로 친 거잖소.

독일혁명은 정확한 서류 작업으로만 진행되는 모양새다.

요구에 기꺼이 응할 수 있소만, 실제 서명이 필요해요.

서명 받아오리다.

리프크네히트 씨 어디 계십니까?

리프크네히트 씨 못 봤어요?

좀 지나갑시다.

그러니, 동지들...

이봐요! 리프크네히트 씨! 여기 서명 좀 해요!

? 흠, 알았어요. 펜 있어요?

펜 가진 사람는 계쇼?

하지만 너무 늦다 보니, 배달부는 춥고 배고픈 나머지 집으로 돌아간다.

...그래서 내가 서명을 받았다니까. 바로 여기서.

어휴, 이 뜻 떨리는 멍청이 같으니라고. 그런 서류는 돈이 돼요. 딸내미는 독감에 걸려서 병원도 못 가고 있어. 아침에 사민당 사무실 가서 그거 가져다 관심 있는 사람한테 팔고 와요.

알았어요. 그리고 그는 정말 그렇게 한다.

그 사람 안 올 건가 볼데?

닥치쇼.

혁명은 인민해상부의 지지를 얻는 데 실패한다.

163

하지만 봉기는 추위, 허기, 혼란, 무관심 등으로 이미 힘이 빠진 상태였다. 반란 세력은 전략적으로 별 의미 없는 건물 몇 개만 점거한다.

...그동안 노스케는 반란군 주위에 포위망을 치고 서서히 끌어당긴다.

1월 9일. 군대가 로테파네 사무실을 급습한다.

아니! 우리 신문을 길거리에 던져버리고 있어요, 개새끼들!

근데 마틸데! 저 녀석들 표정 봤어요?

'저 녀석들'은 정부군이에요, 로자.

배고픔 때문에 저 짓을 하게 된 게 틀림없어요. 가서 얘기해 볼래요.

안 돼요!

로자! 당신을 죽이려 들 거예요!

막지 마요! 혁명은 나를 필요로 해요.

잘 들어요. 간밤에 저들이 여성 동지 하나를 납치했어요. 로자인 줄 알고요. 저자들이 그 여자한테 무슨 짓을 했는지 내 입으로 말해야겠어요?

혁명은 당신이 살아 있기를 원해요.

다시 포어베르츠 건물.

정부군이 저기 광장에 와 있어요!

그건 안건과 상관없잖소.

건물의 무장 경호도 논의해야 되지 않겠소?

그럴 필요 없습니다. 독일 사람이 독일 사람을 쏘진 않을 거예요. 11월 9일 날 봤잖습니까.

지하실 벽을 부수면 대피 경로를 확보할 수 있어요. 만일의 사태가 벌어지면요.

그것도 표결에 부치겠습니다. 다시 논의하던 주제로 돌아갑시다.

1919년 1월 11일 새벽 2시,
노스케의 자유군단이
공격을 개시한다.

새벽.

노스케다.
뭐라고?

그냥 다 쏴버려.

아니, 난 허가서 같은
거 없다. 그냥 가서
쏴버리도록.

성냥을 가지고
놀았으니,
불에 타야지.

168

1919년 1월 13일.

차 준비할 수 있어,
로망셔.

스위스 어때?

레오, 나 못 떠나.
가라앉는 배에 탄
생쥐 같다고.

『포에베르노』
오늘자 봤어?

봤지. 아름다운 시야.
"수백만 구의 시체가
줄지어 누워 있다.
프롤레타리아트여!
그러나 로자는 거기에 없다,
그녀는 거기에 없다.
프롤레타리아여!"

사민당의 제국의회 연대에서는 카를 리프크네히트와 로자 룩셈부르크에게
10만 마르크의 현상금을 걸어 놓는다.

오 클라라, 루이제,
우리 셋은 언제 다시
만날 수 있을까?
천둥 칠 때?
번개 칠 때?
아님 비 올 때?
이 난장판이 모두
끝날 때...

싸움에서
지고,
그리고
이기면.

1919년 1월 15일.

마흔일곱이 죽을 만한 나이라는
생각이 드는가?
그렇다면, 당신은 굉장히 어린 나이일 것이다.

로자 룩셈부르크는
생의 절반쯤을
잃었다.

그녀가
살아남았더라면,
얼마나 더 많은 일을
해낼 수 있었을까?

이렇게 말한다면 로자의 철학에
폐가 될지도 모르겠다...

나는 역사를 통해 배웠죠.
어느 한 개인이
미칠 수 있는 영향을
과대평가해서는
안 된다는 걸.

...그리고 그녀의 죽음은 전 세계 노동자들의 역사
속 수많은 죽음들 가운데 그저 한순간일 뿐이었다.

하지만 그건 분명 너무도 칠흑 같은 순간이었다.
독일이 사회주의와 야만 사이를 아슬아슬하게
검나드는 동안, 자유군단의 만행은 앞으로 닥칠
훨씬 더 중대한 반인륜적 범죄의 전조가 되었다.

그녀가
고분고분해졌을까?

순교자의
외투를 기꺼이
껴안았을까?

아니!
그녀는 불같이
화를 냈을 것이다!

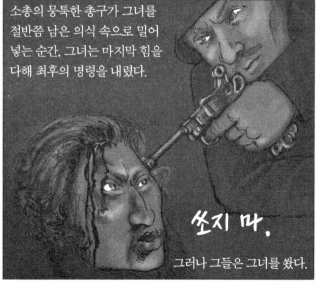

소총의 뭉툭한 총구가 그녀를
절반쯤 남은 의식 속으로 밀어
넣는 순간, 그녀는 마지막 힘을
다해 최후의 명령을 내렸다.

쏘지 마.

그러나 그들은 그녀를 쐈다.

...어둠 속에서 나는 삶을 향해 미소를 지어. 마치 악하고 슬픈 모든 것은 거짓임을 확인하고 그 모든 걸
순전한 빛과 행복으로 바꾸어내는 어떤 마법 같은 비결을 알아내기라도 한 사람처럼 말야.
그리고 줄곧 내 자신 안에서 이런 기쁨의 이유를 찾아보려 하지만 아무것도 찾지 못한 채
그저 다시 스스로에게 미소를 짓는 수밖에. 스스로를 비웃기도 하고.

비결은 결국 삶 그 자체인 것 같아...

내 무덤에는, 내가 살면서 그랬듯이,
잘난 척하는 글귀는 없을 거야.

묘비에는 딱 두 글자만 새기게 할 거야.
'쩍쩍.' 푸른 박새가 내는 울음소린데,
내가 하도 똑같이 흉내를 내다 보니
박새들이 다들 한달음에 모여들 정도라니까.

쇠바늘이 찰그랑 반짝이며 내는 소리처럼
맑고도 가냘픈 그 울음소리에서
며칠 전부터는 나지막하고도 작은 떨림이 느껴져.
자그마한 가슴에서 나오는 소리 말야.
그게 무슨 뜻인지 알아?

그건 바로
다가오는 봄이 만들어내는
잔잔한 첫 울림이야.

※ 빵과 장미―옮긴이

* 로자 룩셈부르크, 『자본의 축적』 — 옮긴이

#다가오는 봄

주석

p. 9

Pan Tadeusz, trans. Kenneth Mackenzie. 시의 배경은 본래 폴란드가 아니라 리투아니아다. 로자의 국적을 부각시키기 위해 일부러 변형해 인용한 것이다.

p. 10

완치가 불가능한 선천성 고관절 이형성증(CDH)으로 인한 장애에 대해 좀 더 알고 싶다면, 유튜브의 'CDH in Saskatchewan Indians(서스캐처원 인디언들의 CDH 사례)' 비디오를 참조할 것. 2분 16초 지점에 나오는 여성의 걸음걸이가 아마 로자의 경우와 비슷한 것으로 보인다. 절룩거리는 걸음걸이가 확연히 눈에 띄지만 장애가 불가피한 것은 아니었을 것이다. CDH는 유전적 요소가 있으며, 알려진 대로 로자의 언니인 안나 역시 같은 상태였고, 이는 안나가 훗날 앓았던 골관절염과도 연관이 있다.

p. 12

그리하여 우리는 마침내 당신을 봅니다, 서구의
실력자시여!
그러나 경의를 표하러 온 것처럼 가식을 부리진 않을
거예요. 나는 당신 같은 이들에게서 인정을 받는 것에는
조금도 관심이 없으니까요.
그 대신 내가 정말 관심이 있는 건 당신들끼리 있을 때
당신이 무슨 이야기를 할까 하는 거죠. 요즈음은 차르와도
친하게 지내는 사이시겠죠.
정치 문제라면 난 아직 풋내기에 불과하죠. 그러니
긴 얘기로 시간을 낭비하고 싶지 않네요.
하지만 이것만큼은 잊지 말아 주세요, 빌헬름 황제여.
그 불길한 모습으로 다가오는 폰 비스마르크에게
말해줘요.
평화의 바지에 구멍을 뚫어 부끄럽게 만드는 짓은 하지
말라고요.
유럽을 위해 그렇게 해주세요, 오 서구의 황제여!

독일어-영어 번역은 헨리 홀랜드.

p. 14

"나는 넉넉히 가진 자들의 양심에 짐을 지우고 싶다. 그 모든 고통과 남몰래 흘리는 쓰라린 눈물의 짐을."
이는 학창 시절 로자가 폴란드어로 쓴 시의 일부를 인용한 것이다. *Rosa Luxemburg Exhibition pdf*, 로자 룩셈부르크 재단 제공, 2009년 1월 22일.

p. 18

유대인 정착촌은 1791년에 형성되었다. 1881년 바르샤바에서 대학살이 벌어졌을 때 로자는 열 살이었다. 로자가 살던 집 역시 피해 지역 안에 있었음에도 불구하고 로자나 그 가족이 언급한 적 없는 것을 보면 이들은 당시 바르샤바에 거주하지 않았을 가능성이 있다. 1882년 제정된 5월법으로 유대인의 신규 정착이나 담보대출이 금지되었고, 주식 보유나 일요일 영업 권한도 제약을 받았다. 1887년 교육 쿼터 제한이 생겼고, 1891년에는 모스크바에서 유대인 2만 명이 추방당했다. 1892년에는 유대인의 의회 선거권이 박탈됐다.

p. 19

"… 종교적 세계라는 안개 자욱한 영역. 이곳에서 인간의 두뇌가 만들어낸 것들이 생명을 부여받은 독립된 존재로 모습을 드러낸다. …" Karl Marx, ed. C. J. Arthur, *Marx's Capital, A Student Edition* (Lawrence & Wishart, 1992), p. 32.
종교와 관련하여 마르크스가 한 가장 유명한 말인 "종교는 인민의 아편"은 1844년 발행된 어느 무명 저널에 실렸던 것이므로, 당시 10대였던 로자는 읽지 않았을 가능성이 크다.
"'유대인들만의 고통'이라는 이 주제에 대해 어떻게 생각해요? 난 푸투마요 고무농장에서 희생된 가엾은 사람들, 유럽인들에게 시체마저 놀이감 취급을 당하던 아프리카 흑인들에 대해서도 똑같이 생각해요. … 그 수많은 고통스러운 절규는 들리지도 못한 채 사라져갔어요. … 그 절규들이 내 안에서 너무도 강렬하게 공명해서 내 마음속에 게토가 특별한 자리를 차지하고 있지는 않아요. 내겐 온 세상이 내 집처럼 느껴져요. 구름과 새와 사람들의 눈물이 있는 곳이면 어디든." R. Lux-

emburg, eds. G. Adler, P. Hudis, A. Laschitza, trans. George Shriver, *The Letters of Rosa Luxemburg* (Verso, 2011), p. 376.

p. 21

이 페이지는『자본』의 첫 장에 나오는 내용의 요약본이다.「상품. 상품의 두 요소: 사용가치와 가치(가치의 실체와 가치의 크기)」

"사용가치로서의 상품은 무엇보다도 질적으로 구별되지만, 교환가치로서의 상품은 양적으로 차이가 날 뿐이므로 그 안에 사용가치는 조금도 포함하고 있지 않다." K. Marx, *Marx's Capital, A Student Edition*, p. 5.

p. 22

이 페이지는『자본』의 2장「교환」과 3장「화폐 또는 상품유통」을 간략히 정리한 것이다.

"… 한 가지 할 일이 있다. 부르주아 경제학은 한 번도 시도한 적 없는, 화폐 형태의 기원을 추적하는 일이다. 즉, 상품들의 가치 관계 속에 내포된 가치 표현이 눈에 띄지 않을 만큼 가장 단순한 모양새로부터 현란한 화폐 형태로까지 발전된 과정을 살펴보는 것이다." 같은 책, p. 13.

p. 23

노동가치설은 마르크스의 이론 가운데서도 경제사상사에 가장 독창적으로 공헌한 부분이다.

"만일 상품의 사용가치를 고려하지 않는다면, 상품에게는 노동의 생산물이라는 단 하나의 공통된 속성만이 남는다.… 모두 동일한 종류의 노동, 추상적 인간 노동으로 환원되는 것이다." 같은 책, p. 5.

"… 상품 세계의 이러한 궁극적 화폐 형태는…사적 노동의 사회적 성격과 개별 생산자들 간의 사회적 관계를〔은폐한다〕." 같은 책, p. 35

"… 상품의 교환은 직접적 물물교환과 불가분의 관계인 모든 지역적·개인적 경계를 돌파한다.… 그 증가 과정에서 자발적인 사회관계망을 형성하며 이는 완전히 행위자들의 통제를 벗어난다." 같은 책, p. 61.

" … 한 개인의 노동과 다른 이들의 노동을 연결하는 관계는 노동하는 개인 간의 직접적 사회관계로서 나타나지 않고…사람 간의 물질적 관계와 사물 간의 사회적 관계로 나타난다." 같은 책, p. 33.

p. 24

마르크스는 이러한 첫 번째 상호작용에 대해 C-M-C(상품-화폐-상품) 공식을 사용해 설명한다. 두 번째는 M-C-M(화폐-상품-화폐) 형태를 따른다. 첫 번째 경우의 존재가 확실하므로 두 번째도 마찬가지일 수 있으나, 이들은 각기 다른 상호작용을 의미한다.

"… 화폐 자체는 상품, 즉 개인의 사유재산이 될 수 있는 외적 대상이다. 그러므로 사회적 힘은 개인의 사적인 힘이 된다." 같은 책, p. 74.

"축장해 두려는 욕망은 본질상 충족이 불가능하다. 화폐는 질적인 면에서나 형식적인 면에서 볼 때 그 효력에 한계가 없다. 가령, 화폐는 전 세계 어디서나 물질적 부를 나타내는 상징이다. 다른 상품으로 얼마든지 직접 전환될 수가 있기 때문이다. 그러나 이와 동시에 현실의 모든 화폐 총액은 양적으로 제한되어 있고 따라서 화폐는 구매 수단으로서 제한된 효력만을 지닌다. 화폐의 이러한 양적인 제한과 질적인 무제한 사이의 모순은 화폐 축장자를 축적의 시시포스적 노동으로 몰아넣는다. 이는 새로 얻은 국가에서도 늘 새로운 국경을 접하게 되는 정복자와도 같다." 같은 책, p. 75.

"화폐 소유자는 유통 영역의 내부인 시장에서 그 사용가치가 가치의 원천이 되는 독특한 속성을 가진 상품, 즉 그것의 실제 소비가 그 자체로 노동의 체화인, 따라서 가치를 창조하는 그러한 상품을 발견해야만 한다. 화폐 소유자는 시장에서 이와 같은 특수한 상품을 발견하는데… 그것은 노동력이다." 같은 책, p. 98.

이 개념에 관한 더 자세한 설명은 7장「노동 과정과 가치 증식 과정」과 9장「잉여가치율」에 나와 있다.

p. 25

아동을 포함한 노동자 착취 문제는 10장(노동일)과 15장(기계와 현대산업: 3a) (보충적 노동력에 대한 자본의 전유. 여성 및 아동 고용)에서 다루고 있다.

"하지만 한 가지는 분명하다. 자연 상태에서 돈이나 상품의 주인이란 없을뿐더러, 사람의 소유물은 노동력뿐이라는 것이다. 이런 관계는 자연적인 것이 아니며, 사회적으로도 근거가 없다. 역사상 어떤 시기를 보아도 마찬가지다." 같은 책, p. 100.

p. 26

노예노동을 기반으로 하는 사회와 임금노동을 하는 사회… 간의 본질적 차이는 오직 이러한 잉여노동을 실제 생산자인 노동자에게서 뽑아내는 방식에만 있다." 같은 책, p. 140.

마르크스는『자본』15장「기계와 현대 산업」에서 교대 근무, 분업, 숙련공의 탈숙련화에 대해 고찰한다.

숟가락을 노동자에 빗댄 로자의 설명은 카를 마르크스의『공산당선언』의 마지막 부분과 맞닿아 있다. "프롤레타리아들은 족쇄 말고 잃을 것이 아무것도 없다. 그들에게는 쟁취해야 할 세계가 있다. 만국의 노동자들이여, 단결하라!"

pp. 28~29

"삶은 나와 끝없는 술래잡기를 하는 것 같아. 늘 내 안에는 없는 듯해. 내가 있는 여기 말고 멀리 다른 어딘가에 있나봐. 그때 집에서 나는 맞은편 창을 몰래 건너다보곤 했어. —아버지가 일어나기 전에 먼저 일어나는 것은 절대 허락되지 않았거든.— 나는 창을 가만히 열고 널찍한 안뜰을 내려다봤지. 모든 게 아직 잠들어 있었어. 참새 한 쌍이 엄청 시끄럽게 짹짹대며 투닥대는 중이었고, 고양이 한 마리가 보드라운 발로 살금살금 지나갔어. 그리고 키가 크고 홀쭉한 안토니는 여름이나 겨울이나 늘 입는 짤막한 양가죽 겉옷을 걸친 채 펌프 옆에 서서 양손과 뺨을 빗자루 손잡이에 기대고 있었어. 잠이 덜 깬, 씻지 않은 얼굴 위로 깊은 생각에 빠진 표정이 역력했지.

사실 그건 내가 가장 사랑하는 시간이었어. 곧 커다란 아파트 건물이 잠에서 깨어나 따뜻하고도 시끄러운, 퉁탕대고 쿵쾅거리는 일상을 시작할 참이었으니까. 이 커다란 아파트가 잠에서 깨어나 따뜻하고 시끄럽고 쿵쾅대는 삶이 펼쳐지기 전인 그때야말로 가장 사랑스런 순간이었어. 새벽 시간의 엄숙한 정적이 안뜰의 잘 닦인 일상적 표면 위로 퍼져나가고, 창유리들은 이른 아침 막 떠오른 금빛 햇살을 받아 반짝였어. 저 위로는 달콤한 향을 뿜어내는 분홍빛 구름들이 떠다니다가 곧 도시의 잿빛 하늘 속으로 녹아들어 버렸어. 그때 난 '삶', 다시 말해 '진짜 삶'이 어딘가 멀리, 지붕 너머 저쪽에 있다고 굳게 믿었어. 그때부터 늘 그 꿈을 좇았지. 하지만 삶은 여전히 지붕 뒤 어딘가에 숨어 있어. 결국 삶이란 내게 어떤 악의적인 장난 혹은 사소한 희롱 같은 것이었을까? 진정한 삶은 실은 여전히 저 안뜰 그곳에 남아 있는 걸까…?" R. Luxemburg, *Letters*, pp. 176~177.

p. 30

"엄마가 했던 말—너 혼자 우리 가문의 이름을 빛내겠구나—을 잊어선 안돼."
로자의 언니 안나가 쓴 편지. Elzbieta Ettinger, *Rosa Luxemburg: A Life* (Beacon Press, 1986), p. 86 인용.

p. 34

머리를 짧게 자른 로자의 사진은 1893년에 찍은 것이고, 요기혜스를 만난 것은 1889년 또는 1890년의 일이다. 극적인 효과를 내기 위해 필자가 사건 순서를 바꾼 것이다. 물론, 그녀

가 머리를 짧게 자른 것은 1893년이 처음이 아닐 수도 있다. 사진을 보면 로자가 자신의 머리를 직접 자른 것으로 추정된다. 전문 미용사의 솜씨가 아닌 것은 분명하다.

p. 36

"러시아 사회민주주의자들의 견해로는, 그러므로 우리 혁명적 지식인의 과업은 결국 이렇게 정리됩니다. 현대적인 과학적 사회주의의 견해를 수용하고 노동자들 사이에 전파하여 그들의 도움으로 전제정치의 거점을 급습해야 합니다."
1889년 7월 14~21일 파리에서 열린 국제노동자사회주의대회에서 게오르기 플레하노프가 한 연설. Trans. D. Gaido, ⟨https://www.marxists.org/archive/plekhanov/1889/07/speech.html⟩ [2013년 12월 접속 확인].
"따뜻한 악수를 건넵니다."(p. 470) "여러분 모두 맡은 일 잘 해내시길 빕니다. 그리고 모두에게 악수를 건넵니다."(p. 287) "인사와 함께 꼭 붙잡는 손길을 전한다."(p. 288) "모두에게 진심을 담은 악수를 보내요."(p. 23) R. Luxemburg, *Letters*. 룩셈부르크는 열과 성을 다해 다정하게 사람들과 악수를 했던 것 같다.

"요기혜스는 곧장 플레하노프에게 가서 협력을 제안했다. 자신이 돈과 기술을 댈 테니 플레하노프는 명성과 관록을 맡으라는 것이었다. 플레하노프가 그에게 생각해 둔 조건이 있냐고 싸늘하게 묻자 젊은 요기혜스는 선뜻 50대 50을 제안했고 곧바로 쫓겨났다. 이들 간의 냉랭한 견해차는 편지에도 확연히 드러나 있다. 요기혜스는 주눅 들지 않았다." J. P. Nettl, *Rosa Luxemburg*(abridged edition), (Oxford University press, 1969), p. 43.
그로소프스키, 얀 티스즈카, 레오니, 오토 엥겔만, K. 크리츠탈로비츠 정도가 지금껏 알려진 요기혜스의 가명이지만, 더 많았을 수도 있다.

p. 37

"[요기혜스는] 이미 두 차례 체포 및 투옥된 바 있었으나 두 번 다 탈옥하여 결국 스위스로 도피했다." J. P. Nettl, *Rosa Luxemburg*, p. 43.
"그는 자물쇠 만드는 일을 배워 자물쇠공으로 일했다.… 노동자들을 더 잘 이해하고 그들에게 더 강력한 영향을 주기 위해서였다." Paul Frölich, *Rosa Luxemburg: Ideas in Action*, trans. Hoornweg (pluto press, 1967), p. 13.
레오는 담배를 피운다. "지금 뭐하고 있어? 보나마나 침대에 누워서 바로 옆 테이블엔 램프를 켜둔 채 뭔가를 읽거나 끄적대며 담배에서 구름 같은 연기를 뿜어내고 있겠지." Luxemburg, *Letters*, p. 8.

이 첫 대화에는 일방적인 성격이 있음을 눈여겨볼 필요가 있다. 그녀는 그의 인생사에 관심을 보이지만, 그는 그녀의 인생사가 궁금할 만큼 감정의 깊이가 있지 않다. 룩셈부르크는 요기헤스가 보낸 편지에 혁명 이론뿐이고 감정적인 내용은 없다고 불만을 토로하곤 했다.

p. 39

"예를 들면, 레오는 뛰어난 재능과 날카로운 지성을 갖췄지만 글은 전혀 못 쓰는 사람이에요. 생각한 걸 글로 쓰려고만 하면 마비돼 버리곤 해요.… 혼자서는 한 줄도 못 쓰지만 분명 우리 당 기관지의 영혼 그 자체예요." 로자 룩셈부르크의 1909년 7월 편지. J. P. Nettl, *Rosa Luxemburg*, p. 259 인용. 이 같은 설명을 보면 요기헤스는 난독증이 있었을 수도 있다.

pp. 40~41

"… 당신은 루가노에서 먹을거리를 사들고 저녁 8시 20분에 도착했지. 난 램프를 들고 계단을 뛰어 내려갔고 무거운 짐을 끌고 위층으로 올라가느라 둘 다 고생 좀 했어. 그러고는 식탁 위에 오렌지, 치즈, 살라미, 낱개 포장된 케이크 조각 등을 풀어놓았어. 그날만큼 근사한 저녁 식사는 또 없었던 것 같아. 텅 빈 방 안의 자그마한 식탁이었고 열려 있는 발코니 문 사이로는 정원의 달콤한 향기가 밀려올라왔지. 당신은 능숙한 손놀림으로 프라이팬에 계란 요리를 하고 있었고, 아득한 어둠 속에서 우리는 요란하게 덜컹대며 다리를 건너 밀라노로 향하는 기차 소리를 들을 수 있었어.…

자기, 내가 당신 목에 양팔을 감고 키스를 해. 천 번은 했을 거야. 난 당신이 날 안아 올려 데려가주면 좋겠는데. (당신은 늘 내가 너무 무겁단 핑계를 대지.)" Luxemburg, *Letters*, pp. 115~116.

룩셈부르크의 오르가즘에 관한 내용은 요기헤스에게 쓴 편지에 암시돼 있다. 갈등의 순간에 이렇게 설명한 부분이 있다. "당신은 '육체적'인 것은 어떤 것도 원하지 않았다고 느꼈겠지. 다르게 말하면, 그 순간에 나는 그저 거기에밖에 관심이 없었다고 당신은 생각했던 거고." (Luxemburg, *Letters*, p. 34)

만일 룩셈부르크가 성적인 관계에서 육체적 쾌락을 얻지 못했다면 그녀가 섹스를 주도할 만한 동기는 없었을 것이고, 그러므로 요기헤스는 그녀가 애정을 갈구하는 마음을 성적 욕망으로 오해했을 가능성은 없다.

로자 룩셈부르크가 남자들과 성적 관계를 맺으면서 정확히 어떤 방법을 사용하여 피임을 했는지는 알 수가 없다. 로자는 피임이나 임신 가능성에 대해 언급한 적이 없으나, 그녀가 쓴 편지에서 생리 주기에 대해 언급한 적이 있으므로 참고할 만하다.

"마흔 살의 여자가 성생활의 신체 증상이 더 이상 나타나지 않을 때 분명 느낄 법한 그런 비슷한 느낌이 있어." Luxemburg, *Letters*, p. 42.

룩셈부르크는 성적인 관계가 시작됐음을 의미할 때 '아내'라는 표현을 쓰고 있다. 결혼이나 마찬가지라 여긴 것은 그녀 쪽으로, 이는 로자가 요기헤스에게 "이 편지를 진지하게 그리고 마음을 다해, 그때 제네바에서 내가 아직 당신의 아내가 아니었을 때 썼던 편지를 읽던 때와 똑같은 감정으로 읽어달라"고 요구한 구절에도 드러나 있다. Luxemburg, *Letters*, p. 34.

p. 42

"가장 멀리 떨어져 있는 장소들을 점차 물질적으로 결합시켜서 경제적으로 서로 의존하게 만듦으로써 결국 전 세계를 하나의 공고히 결합된 생산 메커니즘으로 만들어버리는 것이 바로 자본주의적 생산방식의 내재적 법칙이다."

룩셈부르크가 쓴 논문의 결론 부분에서 인용. *The Industrial Developmenet of Poland*, trans. Tessa DeCarlo, 〈https://www.marxists.org/archive/luxemburg/1898/industrial-poland/ch11.htm〉〔2013년 12월 접속 확인〕.

"기억나…? 난「한 걸음씩」을 쓰고 있었지. (떠올릴 때마다 난 훌륭한 글이라는 뿌듯한 기분이 들곤 해.) 몸이 아파서 침대에 누워 글을 쓰고 있었고, 신경이 곤두서 있었어. 당신은 다정하고 상냥했고, 입을 맞춰주며 내 마음을 가라앉혀 주고 있었지. 그때 당신이 부드러운 목소리로 다정하게 해주던 말이 난 아직도 들리는 것 같아. '자, 이제, 자기야, 걱정 마. 모든 게 잘 될 거야.' 그때를 절대 잊지 못할 거야." Luxemburg, *Letters*, p. 115.

p. 43

"내 유일한 그대, 나의 보보! 언제 당신을 볼 수 있을까? 너무 보고 싶어. 내 영혼은 목이 말라! 트로카데로 광장, 개선문, 에펠탑, 그랜드 오페라를 봤어. 소음에 귀가 멎는 줄 알았지. 그리고 여긴 예쁜 여자들이 어찌나 많은지! 정말이지 모든 여자들이 다 아름다워. 적어도 다 아름다워 보여. 안 되겠어! 무슨 일이 있어도 여기 오지는 마! 당신은 취리히에 있는 게 좋겠어!" 같은 책, p. 8.

"건물 관리인을 정기적으로 찾아오는 경찰 정보원이 있어. (내게 편지 보낼 때 조심해. 필요하면, 카롤〔브제지나〕처럼 암호를 쓰고, 내 성을 그대로 쓰지 말고, 철자 m 대신 x를 넣어.) 안 그러면 건물 관리인이 밀고를 할지도 몰라. 단순한 사람이거든." 같은 책, p. 31.

p. 44

"브래지어랑 속옷 잘 받았어." 같은 책, p. 17. 룩셈부르크는 합리복(rational dress) 개념을 철저히 옹호하는 입장은 아니었다. 사진 기록을 보면 로자는 결혼식처럼 격식을 갖출 자리나 1907년 슈투트가르트 사회주의인터내셔널 연설 당시 등 코르셋을 종종 착용했던 것으로 보인다.

"우리 키스쟁이 오른쪽 뺨에 강렬하게 키스해 주겠어." 같은 책, p. 119.

p. 45

실제로 이후 1900년에 제목 중 「그리고 리투아니아」 부분을 차용했다.

"… 부르주아 이데올로기의 다양한 범주들 가운데 하나로서 바로 이 국가 개념에 대해 마르크스 이론에서는 '민족자결,' '시민의 자유,' '법 앞에 평등' 같은 가치 아래에는 늘 왜곡되고 편협한 의미가 숨어 있음을 지적하며 가장 맹렬히 공격했다. 계급 기반의 사회에서 단일한 사회적·정치적 통일체란 존재하지 않는다. 그 대신 각 국가 내에는 이해와 '권리'가 상충하는 계급들이 있을 뿐이다. 지배계급과 계몽된 프롤레타리아트가 구별 없이 하나의 국가적 통합체로 기능하는 사회적 영역—가장 강력한 물질적 관계에서부터 가장 미묘한 도덕적 관계에 이르기까지— 따위는 전혀 존재하지 않는다."

이 내용은 1908년 로자 룩셈부르크가 쓴 에세이 「국가와 자치의 문제」의 일부분으로, J. P. Nettl, *Rosa Luxemburg*, p. 507에서 인용한 것이다. 1893년 8월 취리히에서 개최됐던 제2인터내셔널 3차 대회에서 했던 로자의 첫 연설에 관한 기록은 전혀 남아 있지 않아서, 국가에 관한 그녀의 생각을 후대에 요약한 기록으로 대신했다.

"당시 23세였던 로자는 독일과 폴란드의 한두 개 사회주의 단체에서 말고는 무명이나 다름없었다.… 그런데도 반대 세력은 그녀와 대립각을 세우는 데 여념이 없었다.… 로자는 뒤쪽 위원석에서 일어나 의자 위에 올라 목소리를 냈다. 여름철 원피스 차림의 자그마한 체구는 매우 가냘파 보였다.… 흡인력 있는 목소리와 설득력 있는 문구로 대의를 부르짖었던 로자는 단숨에 의회에서 다수의 지지를 얻을 수 있었다. 다수의 의원들이 그녀의 의결 참여 수락에 찬성했다." 룩셈부르크의 연설에 관한 에밀 반데르벨데(벨기에 정치인)의 회고. J. P. Nettl, *Rosa Luxemburg*, p. 47~48 인용. (잘못된 기억이다. 로자는 의결권을 얻지 못했다.)

여기에 나온 인물들은 1913년 암스테르담에서 있었던 사회주의인터내셔널의 참석자들이다. 취리히 의회 사진은 출처를 확인할 수 없었다.

p. 46

"… 이 글들과 크리체프스키의 글을 합해도, 이중 서명을 사용한다고 하면 아직도 7개 칼럼이 남아요. 이렇게 채우면 어떨까 해요. 하나는 여성 문제, 하나 또는 하나 반은 임금 문제, 그리고 마지막으로 내가 사설을 하나 더 써야겠어요. 정치적인 내용으로요. 머릿속이 텅 빈 느낌이라 그게 젤 걱정이에요. 그래도 어쨌든 쓸 겁니다." Luxemburg, *Letters*, p. 13.

"피로해져 버린 상태라 일단 글부터 보냅니다. 내용이 크게 새롭지 않은 것 같아 질책을 받지나 않을까 걱정되네요." 같은 책, p. 11.

"가장 중요한 부분들을 제외하고는 사회주의적 애국자들에 관한 글에서 더 고친 곳은 없어요. 왜냐하면, (1) 이미 나는 이 글을 여섯 번이나 고쳐 썼거든요. 이유는 나도 모르겠지만. (2) 게다가 똑똑한 아돌프가 반각으로 조판을 하는 바람에 다 엎어야 해요. 기사 전체는 물론이고 호 전체를 다시 작업해야 하는 상황이죠. 잘못된 페이지들은 일찌감치 갈아엎을 수밖에 없었으니까요. 레이프는 굉장히 느릿느릿 조판을 하고 있어요." 같은 책, p. 27.

p. 47

"… 1897년 5월 1일에 로자는 법학 박사 과정을 '우등' 졸업했습니다. 본래 지도 교수는 그녀를 '최우등'으로 인정했지만 학과장 회의에서 여학생에게는 최우등 등급을 수여할 수 없다는 결정을 내렸던 겁니다." 로자 룩셈부르크의 장례식에서 파울 리바이가 했던 추모사 중에서. Mathilde Jacob, *Rosa Luxemburg: An Intimate Portrait*, trans. Hans Fernbach (Lawrence & Wishart, 2000), p. 118 인용.

"엄마는 웃다가 울고 울다가 웃었어.… 네 편지를 잠시도 손에서 놓지 않으려 하셨지. 로자로 인해 당신이 얼마나 자랑스럽고 행복한지 온 세상에 알리고 싶으신 눈치셨어.… 매일 아침이면 엄마랑 아빠는 누가 네 편지를 차지할 것인지를 두고 한참 실랑이를 벌이곤 해. 엄마는 혹시라도 손님이 올 때를 대비해 집에서 들고 다니고, 아빠는 주머니에 넣고 동네방네 자랑하러 다니셔." 1898년 5월, 안나 룩셈부르크가 로자에게 쓴 편지. E. Ettinger, *Rosa Luxemburg: A Life*, pp. 66~67. 둥커 운트 훔블로트에서 로자 룩셈부르크의 논문이 출판된 것은 1898년에 들어서였다. 로자는 1897년 5월 박사 학위를 받았으며, 부모에게는 편지로 이 소식을 알렸다. 논문 출판 사실을 밝히고자 이 장면에 인쇄본을 포함시켰다. 로자 같은 인물의 삶을 180페이지가량에 담다 보면 일부 사건을 한데 묶을 수밖에 없다.

p. 48

"내 금쪽같은 자기, 하나뿐인 그대, 난 당신을 껴안고 머릴 당신 가슴에 기댄 채 가만히 눈을 감고 잠시 쉬는 상상을 하곤 해. 난 너무 지쳤어!" Luxemburg, *Letters*, p. 28.

이 부분은 전문을 읽어볼 필요가 있다. "우리 관계에 대한 질문이 내 머릿속을 가로지르고 있어. 내가 얻은 답은, 난 내 발톱으로 당신을 날카롭게 움켜잡을 테고, 그러면 당신은 비명을 지르고 말 거라는 거야. 내 말 알겠지? 당신을 완전히 겁에 질리게 해주겠어. 당신은 복종해야 해. 항복하고 숙이고 들어와야 할 거야. 그게 우리가 계속 함께 살 수 있는 조건이야. 나는 당신을 부서뜨려야만 해, 당신 뿔의 날카로운 끝을 갈아 없애야 해. 그렇지 않으면 난 당신과 더 이상 함께할 수가 없어. 당신은 성미가 고약한 사람이지. 당신 영혼의 전체적인 모습을 곰곰이 생각해 보고 나니 이제 그런 확신이 들어. 태양이 하늘에 떠 있다는 사실만큼이나 분명하다고. 당신 스스로 품고 있는 이 분노의 숨통을 내가 끊어 놓겠어. 그런 잡초가 양배추 틈에 끼어들게 놔둬선 안 돼. 난 이럴 권리가 있어. 내가 당신보다 열 배는 더 괜찮은 사람이니까. 지금 난 굉장히 진지하게 당신의 모난 성격을 지적하고 있는 거야. 이제 가차 없이 당신을 겁에 질리게 만들 셈이야. 당신이 온화해지고 여느 평범한 좋은 사람처럼 타인을 대하게 될 때까지. 난 당신에게 무한한 사랑을 느끼지만, 동시에 당신 성격의 결함에 대해서는 물러설 수 없는 냉정한 감정이 되곤 해. 그러니 잘 들어. 정신 바짝 차리고 있으라고! 지금 여기 난 이미 손에 먼지 털이 막대를 쥐고 서 있고, 도착하자마자 당신 양탄자를 두들겨 먼지를 털기 시작할 테니까." 같은 책, p. 32.

p. 49

내 생각에 레오 요기헤스는 고기능 자폐증 범주에 속했을 것 같다. 그러면 로자에 대한 레오의 사랑이 확고한 것이었음에도 불구하고, 로자가 불평했듯 그는 애정을 드러내는 경우가 거의 없고 그녀의 정서적 요구에 당혹스러워했다는 모순된 모습이 설명 가능해진다. 혁명이라는 대의에 관한 레오의 외곬수적 집착 역시 자폐적 속성으로 볼 수 있을 것 같다.

"우리가 같이 있을 때마다 당신은 날 옆으로 치워 놓고는 일 안에 갇혀버리는 것 같은 느낌이 들어." 같은 책, p. 34.

"이 장난꾸러기, 당신은 뭐든 날 따라 해야 해. 당신은 온전히 자기 기분일 때가 없어(뭔가를 참을 수 없을 때나 불같이 화를 낼 때만 예외지).… 뭣 때문에 나를 따라 하냐고? 난 가끔 당신이 정말 나무토막처럼 느껴질 때가 있어. 날 사랑한다고 말한 적 있었지. 아니 정말 사랑했었지. 근데 지금 당신은 그저 그게 과거의 일이었던 것처럼 굴고 있잖아.…" 같은 책, p. 28.

"이때 당신은 분명 미소를 짓지〔그리고 내게 이렇게 말하지〕— '있잖아, 나 요즘 가장 사소한 일에 한탄을 하고 있다고!' … 사랑하는 자기, 난 불평하는 게 아냐, 뭔가를 요구하는 것도 아냐. 단지 내가 원하는 것이라곤 내가 우는 걸 '여자들이 하는 연기'로 치부하지 말라는 거야.

… 분명 당신은 한바탕 훑어보며 짜증스럽게 살피고 있어. '대체 이 여자가 원하는 게 뭐지?'

… 어떻게 이럴 수 있어? 난 당신에게 기대고 당신을 그토록 바라보는데. 어쩌면 그래서일까, 어쩐지 가면 갈수록 자꾸 그런 느낌이 들어. 혹시 당신은 더 이상 그만큼 나를 사랑하지 않는 건 아닐까. 정말 그래? 정말로, 정말로, 그런 느낌이 들 때가 너무 많아. 요즘 당신은 나에 대해 전부 형편없게 여기며 다 싫어해. 나와 함께 시간을 보낼 필요를 못 느끼는 거지!…

…젠장, 이런 얘긴 해서 뭐해. 부질없지." 같은 책, pp. 34~36.

p. 50

"나는 '베를린을 정복'하러 완전한 이방인으로 혼자 여기 온 기분이야. 베를린을 처음 마주한 지금 난 그 차가운 힘 앞에서 불안을 느껴. 나에게는 완전히 무관심한 도시지. 그러면서도 베를린 전체가 내 호기심을 자극할 거라는 생각을 하면 어쩐지 좀 위안이 돼." 같은 책, p. 40.

"대체적으로, 베를린은 첫인상이 별로 유쾌하지 않은 도시야. 차갑고 무미건조하며 육중하지. 그야말로 군대 막사들 같아. 프로이센 사람들은 오만하게 구는 모습이 마치 자기를 때리는 데 쓰이던 막대기를 삼키기라도 한 것만 같아!" 같은 책, p. 59.

p. 51

"나로선 베를린으로 이사를 왔을 뿐 아니라, 여기 단단히 자리를 잡고 심지어 (아직 이건 우리끼리만 알고 있어야 하는 비밀인데) 독일 시민권까지 취득했어. 여기 도착한 지 두 시간 만에 베를린과 독일 사람들에 대해 충분히 알아버렸어. 하지만 우리처럼 거처도 없는 사람들은 뭘 해야 할까? 나처럼 나라 없는 사람도 독일을 조국 삼아 정을 붙여봐야 해." 같은 책, p. 86.

룩셈부르크는 베를린의 아파트들을 옮겨다니며 지냈다. 처음에는 비싼 중심가인 쿡스하펜스트라세 2가의 작은 방 하나를 얻어 지냈다. 51쪽의 그림은 프리데나우의 크라나흐스트라세 58가로, 1902년부터 거의 10년간 그녀가 세들어 살았던 좀 더 큰 아파트다. 그 후 1911년에는 쉬텐데 외곽의 린덴스트라세 2가로 이사했다. 요기헤스는 크라나흐스트라세 아파트 열쇠를 돌려주지 않으려 했으므로, 로자는 이사를 할 수밖에 없었다.

p. 53

"방에는 내가 필요한 것들이 거의 다 갖춰져 있어요. 1층이고, 우아하게 꾸며져 있어요. 피아노가 한 대 있고, 햇살이 가득하고, 자그마한 발코니에는 풀들이 무성하게 자라 있죠. 글쓰기 좋은 책상 하나, 흔들의자 하나가 있고, 벽에는 바닥부터 천장까지 닿을 만한 긴 거울도 붙어 있어요. 발코니와 창문은 정원으로 통하게 돼 있어서 사방이 온통 초록색이에요." 같은 책, p. 46.

"보내주신 책들까지 합하면 당장 도서관이 하나 생길 판이죠. 이미 책장은 두 개가 있지만 집주인이 하나 더 주어야 할 것 같아요." 같은 책, p. 112.

"… 집주인네는 속물스런 사람들이라 경찰이 나에 대해 캐묻기라도 한다면 분명 까무러칠 거예요. ('여자 박사'도 처음 봤을 테죠.)" 같은 책, p. 46.

"… 이 동네에서 이런 방, 게다가 발코니까지 딸린 방치고는 가격이 엄청 싼 거예요. 사실 집주인은 40을 원했지만 내가 좀 깎았어요." 같은 책, p. 47.

p. 54

혼인신고가 이루어진 건 로자가 베를린으로 떠나기 전인 4월 취리히에서였다.

p. 55

사민당에서 로자가 아우어 씨를 처음 만났을 때의 일이다.

"그런 다음 내가 설명했죠. '당신들이 하는 일 전부를 돕고 싶어요. 이 목표를 위해 독일 시민권도 취득했고, 적극 참여하기 위해 여기 왔습니다. 물론 제 나름대로 행동 계획도 가지고 있지만, 독일 사민당 지도부의 이해를 얻지 못한 채 저 혼자 먼저 움직이고 싶진 않아요.' 이 지점에서 그는 또 한 번 '아' 하고 내뱉더군요.… 내가 독일 시민권을 가지고 있다는 데 크게 마음이 움직인 눈치였어요. 놀라움을 감추지 못한 채 당 주소록을 펼치더니 내 주소를 묻더군요. 그 뒤로 우린 굉장히 허심탄회하게 의논을 시작했어요. 이야기가 한 시간 넘도록 계속됐던 터라 내용을 그대로 다 옮겨 적을 순 없네요." Luxemburg, *Letters*, p. 50.

"폴란드어를 좀 하면 '외국어'인 독일어로 말할 때와는 분명 다른 효과가 있죠." 같은 책, p. 121.

"대중 집회 발언을 이어가려는 노력이 내 자신에게 얼마나 좋은 영향을 미치는지 당신은 잘 몰라. 이 부분에 대해서는 나도 사실 전혀 확신이 없었지만, 얼음 위를 걷는 심정으로 기회를 봐가며 잘 해보는 수밖에 없었어." 같은 책, p. 68.

"사람들에게 우렛소리처럼 신선한 충격을 안기고 싶어. 비전을 제시하고 확신을 심어주는 힘 있는 말투로 그들의 마음에 불길을 지피겠어." 룩셈부르크가 요기헤스에게 쓴 편지 중. R. Luxemburg, eds. Peter Hudis & Kevin B. Anderson, *The Rosa Luxemburg Reader* (Monthly Review Press, 2004), p. 382.

"일을 끝내고 곧바로 온 몇몇을 포함해, 광부들은 석탄가루를 새까맣게 뒤집어쓴 모습이었어." 같은 책, p. 121.

p. 56

"자신 있게 말할 수 있는데, 반년만 지나면 난 당내에서 연설을 가장 잘하는 축에 들게 될 거야. 목소리며 언어, 그 모든 게 애쓰지 않아도 그냥 내 안에서 술술 나와. 가장 중요한 건 강단에 올라서도 마치 20년은 대중 연설을 해온 사람인 양 차분할 수 있다는 거야. 난 무대 공포 같은 걸 전혀 못 느껴." 같은 책, p. 68.

"내 얘길 했어. 딱 한 시간은 했지. 이야기가 잘 풀렸고, 중간에 몇 번이고 박수가 터졌어. 마지막에 가서는 사람들이 그야말로 '우레 같은' 소리로 브라보를 외쳐댔고 내게 엄청난 환호를 보냈어. 회합이 끝나고 나서 어느 나이 든 광부가 내게 다가오더니 내 얼굴을 토닥이며 말해 주더군, '진짜 대단했어요.'" 같은 책, p. 125.

"… 무엇보다도 내가 어디서 무슨 공부를 했고, 몇 살이며, 생계는 어떻게 꾸려가는지, 가족은 어떻게 지내는지 등등을 얘기해야 했어. 유쾌하고도 감동적이야." 같은 책, pp. 121~122.

"다시 들르겠다고 노동자들에게 약속할 수밖에 없었어. 늦어도 성령강림절 즈음엔 오겠다고 했지." 같은 책, p. 126.

"그곳에서 만난 동지들은 순진한 말투로 내게 털어놓았어. 나에 대해 전혀 다르게 상상했다더라고. 덩치가 크고 뚱뚱할 줄 알았대!" 같은 책, p. 121.

p. 57

「사회주의의 문제점」 연재 글이 처음 실린 것은 1897~1898년 『노이에차이트』였다. 이에 대해 룩셈부르크가 입장을 밝힌 것은 1898년 선거 이후였다.

"베른슈타인이 체계화시킨 이론으로 당내에 기회주의 기류가 형성됐는데 이는 우리 당에 들어온 프티부르주아 분자들의 우위를 확보하려는 잠재적 시도일 뿐이다. 이들은 정책을 변경하고 우리 당의 방향을 멋대로 바꾸려 든다." Luxemburg, "Social Reform or Revolution", trans. Dick Howard, *The Rosa Luxemburg Reader*, p. 130.

"역사적 견지에서 볼 때 법 개혁과 혁명은 뜨거운 소시지나 찬 소시지 중에 기분 따라 선택할 수 있는 역사 진보의 서로 다른 방법이 아니야. 계급사회의 발전 중에 나타나는 서로 다른 순간이지. 서로 조건을 제시하고 보완하며, 동시에 남극과 북극, 부르주아지와 프롤레타리아트처럼 상호 배제하기도 하는 거야." 〔마지막 구절은 마르크스주의적 변증법을 잘 설명하고 있다.〕 같은 책, p. 156.

p. 58

룩셈부르크와 하인들에 관한 기록. 경제적으로 여유가 있었으므로 그녀는 하인을 두었다. 다음은 1905년에 그녀가 쓴 글이다.

"가정부가 계속 부재중이다. 원래 어제 오기로 돼 있었는데 일요일이나 되어야 올 것 같아. … 가정부 없이 어질러진 상태를 견딘다는 건 최상급의 평정심이지." Luxemburg, *Letters*, p. 196.

"… 주부로서의 내 고민은 그게 다가 아냐. 이 가정부는 나만 보면 늘 징징대. 두통이 있네, 계단을 못 올라가겠네, 뭘 못 들겠네, 하면서 말야. 이런 식이면 난 정말 한 달도 못 견디겠어. 이미 대안으로 '뭔가' 생각을 해뒀어." 같은 책, p. 198.

노동자계급이 겪는 시련에 대한 19세기 사회주의 지식인들의 공감 범위는 자신들의 개인적인 삶에까지는 미치지 못했던 것 같다. 로자 룩셈부르크는 프롤레타리아트에 대해 글을 쓸 때마다 늘 '그들'로 지칭했다. '우리'로 지칭한 적은 한 번도 없었다.

"… 내부의 자체 모순 탓에, 자본주의는 존립이 아예 불가능한, 불균형점을 향해 움직인다." Luxemburg, "Social Reform or Revolution" *The Rosa Luxemburg Reader*, p. 132.

p. 59

"… 사회주의의 과학적 토대는 자본주의 발전의 다음 세 가지 결과에 기반한다. 첫째, 가장 중요한 것은, 자본주의경제 안에서는 무정부성(anarchy)이 확대되다가 결국 몰락이 불가피해진다는 것. 둘째, 생산과정의 점진적 사회화가 미래 사회 질서의 싹을 틔운다는 것. 셋째, 프롤레타리아트의 조직력과 계급의식 증대가 다가올 혁명의 활성 인자로 작용한다는 것." 같은 책, p. 132. 〔룩셈부르크는 '혼돈(chaos)'이라는 단어 대신 '무정부성(anarchy)'이라는 단어를 의도적으로 사용하고 있다. 그녀의 글은 각지의 아나키스트들에게 여전히 영감을 준다.〕

"시장의 출구는 수축되기 시작할 것이다. 세계시장은 이미 팽창되어 한계에 도달했고, 자본주의국가 간 경쟁으로 소진된

상태이기 때문이다. 그리고 이는 조만간 일어날 일이라는 건 부인할 수 없는 사실이다.…" 같은 책, p. 137.

금융 위기를 자본주의에 내재된 모순의 발현으로 본 룩셈부르크의 분석은 이 책에서는 충분히 다루지 않았다. 자세한 내용은 "History of Crises", *The Complete Works of Rosa Luxemburg, Volume 1, Economic Writings* 참조.

p. 60

"사회민주주의에서 사회 개혁과 혁명은 불가분의 관계다. 개혁을 위한 투쟁은 **수단**이며, 사회 혁명이 **목적**이다." "Social Reform or Revolution", *The Rosa Luxemburg Reader*, p. 129.

"자본주의경제에서 신용의 기능은 다양하다. 널리 알려진 대로, 신용의 두 가지 중요한 기능은 생산의 확장 능력을 증대하고 교환을 용이하게 만드는 것이다.… 자본주의적 생산에 내재된 무한 팽창 경향이 사유재산의 장벽(사적 자본의 제한된 규모)에 부딪혔을 때, 신용은 이러한 한계를 자본주의적 방식으로 극복하는 수단으로서 등장한다. 주식회사를 통해 수많은 개별 자본을 한 덩어리로 결합시킨다. 각 자본가가 다른 자본가의 돈을 산업 신용이라는 형태로 사용할 수 있게 만드는 것이다. 더 나아가, 상업 신용으로서 상품의 교환을 촉진함으로써 자본을 다시 생산으로 투입시키고 이를 통해 생산과정이라는 전체 주기를 촉진시킨다.

신용의 이러한 두 가지 주요 기능이 위기 형성에 미치는 영향은 명백하다. 확장 능력, 즉 생산의 팽창성과 제한된 소비 능력 간 모순의 결과로 위기가 생기는 것이 맞다면, 신용이야말로 이러한 모순을 최대한 자주 발생시키기 위한 구체적인 수단인 셈이다. 무엇보다도 신용은 생산의 확장 능력을 크게 증대시킴으로써 생산이 끊임없이 시장의 한계를 뛰어넘도록 만드는 내적인 원동력이 된다. 그러나 신용은 양 방향에서 무너진다. (생산과정의 한 가지 요소로) 소유하고 나면, 신용은 (교환 과정의 중재자로서) 자신이 창출한 생산력 자체를 위기 시에 파괴해 버린다. 처음에는 정체 현상이 나타나고 결국 신용은 사라지고 만다. 신용이 아직 필수적인 때는 교환 과정을 포기하고, 신용이 여전히 존재하는 곳에서는 아무런 효과도 쓸모도 제시하지 못한다. 그러므로 신용은 위기 시 시장의 소비 능력을 최소한도로 축소시킨다.

이러한 두 가지 주요 결과 외에도 신용은 그 밖에 여러 방식으로 위기를 형성하는 데 영향을 미친다. 신용은 자본가가 다른 소유주 자본을 이용할 수 있게 만드는 기술적 수단을 제공할 뿐 아니라, 동시에 타인의 재산을 과감하고 몰염치하게 이용하도록 부추긴다. 다시 말해, 무분별한 투기를 낳는다. 신용은 음험한 교환 수단으로서의 능력에 위기를 가중시

191

킬 뿐 아니라 모든 교환을 극도로 복잡하고 인위적인 메커니즘으로 변형시킴으로써 위기를 초래하고 연장시키는 역할도 한다. 최소한의 금속화폐만을 실제 기반으로 가진 상황에서 그러한 메커니즘은 아주 사소한 계기에도 교란되기 때문이다.…

〔신용은〕가능한 최대의 탄력성을 곳곳에 도입하고, 모든 자본주의적 힘을 최대한 연장 가능하고, 상대적이며 민감한 것으로 만든다. 이렇게 함으로써 신용은 위기를 촉발하고 심화시키는 것이다. 위기는 다름 아닌 자본주의경제의 모순된 힘 간의 주기적인 충돌이다."

같은 책, pp. 134~135.

p. 61

"… 사회주의라는 최종 목표는 사회민주주의 운동과 급진주의를 구분해 내는 유일한 요소다. 즉, 노동운동을 자본주의 질서를 수정해 보려는 헛된 수고가 아닌, 자본주의 질서에 **맞서고** 그것을 제압하려는 계급투쟁으로 변화시키고자 하는 데 있다. 그러므로 베른슈타인이 던진 '개혁이냐 혁명이냐' 하는 질문은 사회민주주의로서는 '죽느냐 사느냐'와 다를 바가 없다.

… 모든 당원은 이것이 투쟁 방식으로 이것이 옳은가 저것이 옳은가 혹은 이 **전술**을 사용할 것인가 저 **전술**을 사용할 것인가의 문제가 아니라, 사회민주주의 운동의 **존폐** 자체가 걸린 문제임을 분명히 알아야만 한다." 같은 책, p. 129.

"뭐라고? 당신들 할 말이라는 게 고작 그게 전부인가? 독창적인 생각이라고는 조금도 없어! 이미 수십 년 전에 마르크스주의가 논박하고 박살내고 조롱하며 먼지처럼 만들어버린 내용 말고는 아무것도 없다니! 기회주의는 아무런 할 말이 없음을 증명하느라 아무 말이나 한 것에 불과했다. 당의 역사 속에서 베른슈타인의 저서가 지닌 유일한 의미라고는 그것뿐이다." 같은 책, p. 167.

p. 62

"그제는 〔카우츠키 씨 부부가〕나를 저녁 식사에 다시 초대했어. 카우츠키 씨는 그 자리를 빌려 내게 마르크스의 책 제4권 작업을 도와줄 수 있겠냐 묻더군. 이 '작업'이란 게 무슨 뜻인지 나는 금방 알아차렸지. 전체 원고를 그가 기록 중인데(알아보기 힘들 정도로 엉망) 정리는 나중에 할 생각이래. 분명 내 '도움'이라는 건 베껴 적거나 그가 불러주는 대로 받아 적는 걸 거야. 내가 그 일을 꼭 해 줬으면 하는데, 엥겔스 사망 이후 E. B〔베른슈타인〕를 제외하면 자신이 마르크스의 수기를 읽을 수 있는 유일한 사람이기 때문이래. 나를 마르크스의 상형문자 세계로 인도해서는 4권 작업 도중에 자신이 죽기라

도 하면 내가 그 작업을 이어서 하게 하려는 거지(!…). 워낙 정직하고 단순한 사람이라 그 필사 작업을 나한테 시키려고 일부러 머리를 쓴 것까진 아니지만, 무의식중에 꺼낸, 자기가 죽을지도 모른다는 순진하기 짝이 없는 그 얘기는 결국 그것 말고 다른 목적은 없었지. 동시대 사람들도 후대 사람들도 내가 마르크스주의에 대해 소리 없이 한 헌신은 아무도 모를 게 너무도 뻔하니 난 그에게 직설적으로 말해 버렸지. 내가 그 정도로 바보는 아니라고! 물론, 우아한 방식으로 말야. 그의 노파심을 살짝 놀리면서도 나한테 마르크스의 손글씨 읽는 법을 가르쳐봤자 소용없을 거라고 분명히 못 박았지. 갑자기 죽을 가능성이라면 그나 나나 마찬가지니까. 레밍턴 타자기를 한 대 사서 부인한테 타자 치는 법을 가르쳐주라는 조언도 곁들였어." 룩셈부르크가 요기헤스에게 쓴 편지. *Comrade and Lover: Rosa Luxemburg's Letters to Leo Jogiches* (MIT Press, 1979), pp. 101~102 인용.

"나는 스스로를 비판에만 국한시킬 생각은 없어. 오히려 긍정적인 방향으로 밀고 나가고 싶어. 개개인들뿐 아니라 운동 전체를 긍정적인 방향으로 움직일 거야. 우리의 노력을 전반적으로 냉정하게 되돌아보고 시위나 실무에도 새로운 방식을 제시할 거고(구체적인 방법까지 찾아낼 거고, 난 그게 얼마든지 가능하다고 믿어), 안일함과 타성〔형식주의(Schlendrian)〕에 맞서 싸울 생각이야. 한마디로, 운동에 끊임없이 새로운 자극을 줄 거야.… 그렇게 해서 말로든 글로든 프로파간다를 새로운 궤도에 올려놓는 거지. 낡은 형식의 프로파간다는 마치 화석처럼 굳어져 버려서 더 이상 어느 누구에게도 아무런 영향을 미치지 못하니까. 언론, 선전, 집회 전반에 새로운 바람을 불어넣고 싶어." Luxemburg, *Letters*, pp. 117~118. 로자 룩셈부르크: 샴페인 사회주의자?

"샴페인을 곁들였던 우리의 마지막 '연회'는 굉장히 따뜻한 추억으로 내게 남아 있어. 지난여름은 블랙포레스트에서 보냈지.… 식사를 마치고 야외에서 멈 와인 몇 병을 가운데 두고 둘러앉아서 햇볕을 만끽하며 굉장히 들떠 있었지, 근사한 날이었어." Luxemburg, *Letters*, p. 365.

p. 63

"… 사람들은 글을 쓸 때 자기 안으로 좀 더 깊이 파고들어서 자신이 쓰고 있는 글의 진실과 온전한 의미를 직접 겪어내야 한다는 걸 대부분 잊어버린다. 온전히 글의 주체 안에서 살면서 매일, 매 순간, 자신이 쓰는 모든 글마다, 그 주제를 진정으로 경험해야만 해. 그러면 생생히 살아 숨 쉬는 단어들이 나올 거고, 그렇게 심장에서 나온 단어들은 심장으로 들어가지. 낡고 익숙한 문구들과는 달라." 같은 책, p. 65.

"… 책상 위쪽 볼테르의 흉상 옆에는 커다란 종이봉투가 하나

있는데 그 안에는 내가 러시아어로 쓴 원고 뭉치가 있어.…"
같은 책, p. 221.

여기와 다음 페이지에 언급된 로자 룩셈부르크의 글은 1902년 5월 처음 출간된 『마르티니크』에서 인용한 것이다. 당시 마르티니크 섬에서 있었던 화산 분출과 그로 인한 인명 피해에 대한 국제사회의 인도적 대응을 통렬하게 비판하고 분석한 글이다. Luxemburg, *The Rosa Luxemburg Reader*, pp. 123~125.

p. 65

"… 부르주아 언론 전체가 이 로스트비프를 물어뜯느라 정신이 없었지. 심지어 『포신(Vossin)』의 머리기사에도 실렸어! 어딜 가나 무슨 끔찍한 괴물이라도 되는 양 죄다 '혁-명의 로자' 소리야. 어흥!" Luxemburg, *Letters*, p. 213.

캐리커처 출처는 〈http://en.wikipedia.org/wiki/Stab-in-the-back_myth#mediaviewer/File:Stab-in-the-back_postcard.jpb〉〔2014년 5월 접속 확인〕.

"여름마다 그렇듯, 이맘때쯤이면 할 일이 있어. 의자 위에 올라서서는 아무리 저 위 멀리 있는 것이라도 위쪽 창까지 손을 뻗어서 아주 조심스럽게 말벌을 잡은 다음 다시 자유롭게 풀어줘야 해. 안 그러면 녀석은 초주검이 될 때까지 유리에 부딪히며 스스로 고문할 테니까. 말벌들은 나한테 아무 짓도 안 하거든. 야외에선 내 입술에 앉을 때도 있는데 그럼 막 간질간질해. 그래도 말벌을 잡을 때면 녀석을 다치게 하기라도 할까봐 걱정이 돼. 어쨌든 결국 잘 해결해서 이제 방 안이 완전히 조용해졌네." Luxemburg, *Letters*, p. 389.

"… 날아다니는 거 아무렇게나 다 때려잡으면 세상이 남아나지 않을 걸. 작은 날벌레의 굴절된 눈에는 세상에 종말이 와서 전부 끝장난 것이나 다름없지." Luxemburg, *Letters*, p. 449.

"… 사회주의자들의 전철을 밟지 않는 한, 독일인들은 이 여성이 왜 도를 넘는 행동을 그만두지 않는지 이해할 수 없다." 1914년 4월 2일, 뷔르템베르크 전국 자유주의 회의 결의안. J. P. Nettl, *Rosa Luxemburg*, p. 323 인용.

"들어봐, 만일 『포어베르츠(Vorwärts)』 기사로 200마르크만 받으면 우린 돈방석에 앉을 거야! 그럼 난 속옷을 어마어마하게 많이 사야지. 그게 내 최대 소원이거든!" Luxemburg, *Letters*, p. 197.

p. 66

"자기야, 어제 내가 티에르가르텐 거리를 걷는 동안 무슨 일이 있었는지 알아? 조금도 과장 안 보태고, 완전 예상치 못한 일이 있었어. 갑자기 어떤 꼬마가(어린 보보 같았지) 내 발 앞에 나타난 거야. 예쁜 원피스를 입고 긴 금발의 서너 살쯤 된 아이였는데 나를 가만히 쳐다보기 시작했어. 갑자기 그런 기분이 드는 거야. 그 아일 들쳐 안고 얼른 집으로 달려가서 내 것으로 하고 싶은 마음이 들었어. 오, 자기야, 내 인생에 아이는 없는 걸까?" 같은 책, p. 114.

p. 67

"편지에 어머니를 잃은 슬픔을 견디느라 힘들다고 했지. 내게도 마찬가지로 견디기 힘든 고통이라는 거 아마 짐작이 갈 거야.… 내가 직접 겪고 있는 건 아니지만, 이 한 가지 생각이 떠오를 때마다 나도 모르게 몸서리가 쳐지곤 해. 그런 삶이란 뭘까! 이 사람이 겪어낸 것, 그런 삶의 의미는 무엇일까!" 같은 책, pp. 74~75.

"… 푸른머리되새 가족이 하루에도 몇 번씩 여길 찾아온다. 신부 시절부터 내가 친하게 지내왔던 엄마 새는 늘 내 창가에 어린 딸내미를 데리고 와. 그 '리틀 달링'은 엄마 새보다도 훨씬 덩치가 크고 통통한데 깃털이 헝클어진 채 거기 앉아서는 커다란 부리를 벌리며 깍깍 시끄럽게 울어대. 그런 채로 마치 간질에라도 걸린 것처럼 민둥머리를 흔들어대며, 근심 걱정에 찌들어 수척해진 부스스한 모습의 엄마가 갖다 주는 걸로 배를 채우지. 내가 주는 귀리가 전부 그 '리틀 달링'의 목구멍을 타고 넘어가는 동안, 엄마 새 자신은 거의 낟알 한 개도 삼키질 않아. 이 버르장머리 없는 녀석은 꽤나 잘 날 수 있으니 직접 먹이를 구할 수도 있는데도 만날 이래. 실제로 가끔 그렇게 몸소 움직일 때도 있거든.… 우리 집도 그걸 깨지지 않는 자연의 법칙처럼 여겼지. 완전히 똑같은 방식이었어. 엄마는 오로지 우리 작은 부리들을 채워주기 위해 세상에 존재했던 거야. 우린 온갖 이유로 부리들을 영원히 쩍쩍 벌리기만 했어. (게다가 가장까지도!)" 같은 책, pp. 414~415.

세심한 독자라면 로자의 삶을 다룬, 허구가 가미된 이 이야기 속의 미미가 세계에서 가장 오래 사는 고양이라는 걸 눈치챌 것이다. 사실, 로자는 애완동물을 연이어 길렀고, 아파트에서 토끼를 한 마리 키우려다 그만둔 적도 있었다. 실제로는 그녀가 사민당 학교에서 일할 때 아기 고양이였던 미미를 발견해 키운 적이 있다.

p. 68

"… 1901년 겨울, 급진여성연합인 '여성의 복지'가 여성에 대한 투표권 부여를 요구하는 청원서를 프로이센 주의회에 제출했다. 그러나 그 대상을 선거구 내에 1년 이상 거주하고 소액이라도 일정 금액의 직접세를 납부한 여성으로 한정했다. 그 의미는 명백하다. 이 점에 있어서, 다른 기구들과 마찬가지로, 참정권은 귀부인들에게만 줘야 한다는 것이다. 소유재

193

산이 없는 노동자계급 여성은 해당이 안 된다.… 그러나 그러한 계획은 명백히 우스꽝스러운 것이다. 질문을 던지겠다. 가난한 사람들은 세금을 안 내는가? 그들도 세금을 낸다. 그리고 그 혜택은 지배계급이 받는다.

　　… 이들 여성 단체들이 진정 옹호하는 것이 귀부인들의 권리가 아니라 여성의 권리라면, 이러한 전략에 대해 반대 의견을 표명해야만 한다."
Clara Zetkin, "Social-Democracy & Woman Suffrage" (1906), trans. Jacques Bonhomme, 〈https://www.marxists.org/archive/zetkin/1906/xx/womansuffrage.htm〉〔2013년 12월 접속 확인〕.
본래 클라라 체트킨이 쓴 글을 여기서는 로자의 대사로 넣었다. J. P. Nettl과 Elzbieta Ettinger가 쓴 전기에서 클라라와 로자의 우정에 관한 내용을 토대로 한 것이다.

　　네틀의 기록을 보면 클라라 체트킨은 로자의 탁월함을 인정했고, 로자가 제시한 거의 모든 견해에 동의했다. (J. P. Nettl, *Rosa Luxemburg*, p. 12) 에팅거의 글은 여기서 더 나아간다. "로자는 지적인 측면에서 볼 때 클라라는 최근 대화를 나눈 사람에 의해 쉽게 채워지는 '빈 호스' 같다고 생각했다. 생각을 흡수할 줄은 알지만 새로 만들어내지는 못하므로, 〔에팅거는 로자 룩셈부르크가 이렇게 말했다고 적고 있다〕 '그녀는 늘 자기 의견이 없다.… 그녀의 연설은 내가 최근에 쓴 글 다섯 개를 그대로 반복한 것에 불과하다. 마치 그대로 암기한 것처럼.'"(E. Ettinger, *Rosa Luxemburg: A Life*, p. 101).
"일자리나 전문적인 직업을 가진 소수를 제외하면, 부르주아 계급 여성은 사회적 생산에 참여하지 않는다. 부르주아 남성들이 프롤레타리아트로부터 갈취해 낸 잉여가치를 공동으로 소비할 뿐이다. 사회라는 몸에 있는 기생충에 붙은 기생충이다." Luxemburg, "Women's Suffrage and Class Struggle" (1912), trans. Rosemarie Waldrop, *The Rosa Luxemburg Reader*, p. 240.

p. 69

"모자를 꺼내들고 들판으로 나가곤 해.… 미미에게 줄 싱싱한 풀들을 새로 갖다 주려고." Luxemburg, *Letters*, p. 411.
소피 리프크네히트에게 쓴 1917년 8월 17일 자 편지에서 로자는 동료 수감자들에 대해 "최악의 인간적 수모를 당하는 가운데 연령, 성별, 개인적 특성이 다 지워져버린" 사람들로 표현하며, 그들에게서 "온통 아둔함과 그토록 비열한 정신"을 보게 된다고 적고 있다. (Luxemburg, *Letters*, p. 430). 로자는 '민중'과 자신을 동일시하거나 어울리는 것을 잘하지 못했다.

p. 70

"그대여! 카를의 사진과 다정한 글은 잘 받았어요, 정말 고마워요! 근사한 사진이에요. 지금껏 본 그의 사진 중에 처음으로 제대로 나온 사진 같네요. 눈빛이며 표정이며, 모두 훌륭해요! (다만 작은 흰콩 모양이 잔뜩 그려진 넥타이가 눈에 확 들어오는군요! 그런 넥타이는 이혼 사유죠.…)" Luxemburg, *Letters*, p. 174.
"기분이 아주 좋아요. 평안과 고독이 진심으로 감사했어요. 덕분에 내 안의 자아를 다시 수습할 수 있었거든요.…

　　그저께 갑자기, 나로서는 정말 예상도 못했던 일인데, 석방됐어요. 아니 엄밀히 말하자면 쫓겨났죠. 작센 왕국으로부터 사면의 축복을 받는다는 게 난 불만이었으니까.…" Luxemburg, *Letters*, pp. 178~179.

p. 71

"… 기회주의적인 아둔함의 사례를 찾아내며 그저 앵무새처럼 비판이나 되풀이하는 건 내가 보기엔 만족스러운 방식이 아니에요.… 이렇게 순전히 부정적인 활동만 해서는 우리는 한 발짝도 앞으로 못 나아간다고 생각해요. 그리고 혁명운동에서 앞으로 못 나아간다는 건 결국 후퇴를 의미하죠. 기회주의에 맞서는 급진적 투쟁의 수단은 전진이에요. 더 나아갈 전술을 개발하고 운동의 혁명적 측면을 강화하는 거죠. 대체로 기회주의는 습지대에 자라는 식물 같아서 운동이 고인 물처럼 되면 순식간에 무섭게 불어나요. 물살이 빠르고 강한 곳에선 저절로 없어지고요." 같은 책, p. 183.

p. 72

"폐하, 이것이 저희들의 주된 소망입니다.… 저희의 탄원에 귀 기울이거나 받아들여 주시지 않는다면, 저희는 여기서 죽을 겁니다. 폐하의 궁전 앞 바로 이 광장에서요.… 저희 목숨을 그간 너무도 많이 고통당해 온 러시아를 위해 바칩니다. 저희는 준비가 되어 있습니다." 차르에게 올리는 탄원. Paul Frölich, *Rosa Luxemburg: Ideas in Action*, p. 79 인용.

p. 73

"… 투쟁이 한 손에는 모든 프티부르주아계급과 자유직들(상인, 기술자, 배우, 예술가)을 붙잡고 다른 한 손으로는 가정부, 하급 경찰 관료, 심지어는 룸펜프롤레타리아계층까지 파고들었다. 동시에 소도시로부터 교외 지역으로까지 확산되었으며 군 막사의 철문까지 두드렸다."
Luxemburg, "The Mass Strike, the Political Party, and the Trade Unions", trans. Patrick Lavan, *The Rosa Luxemburg Reader*, p. 180.

"정치적 행위가 파도처럼 한바탕 부서지고 간 뒤에는 비옥한 퇴적물이 남고 그로부터 경제적 투쟁의 천 가닥 줄기에서 싹이 튼다." 같은 책, p. 195.

p. 74

"[니콜라스 황제는] 이러한 왕조의 배신에 모욕을 느끼고 속이 뒤집어지는 것 같았다."
Attributed to the Tsar, 〈https://en.wikipedia.org/wiki/Revolution_of_1905〉 [2013년 12월 접속 확인]. 내가 찾아본 가운데 가장 신뢰할 만한 출처였다.
"총파업 문제에 관한 토론에서 이전 연설들부터 들어온 여기 계신 분들 가운데 진정으로 머리를 싸매고 이렇게 질문을 던지는 분 있습니까? '우리가 정말 영광스러운 러시아혁명이 일어난 해에 살고 있는 게 맞는가? 혹시 실은 그보다도 10년 전에 살고 있는 것은 아닌가?' (사실 그렇습니다.) 우리는 매일같이 지면으로 혁명에 관한 소식을 접하고 속보를 읽고 있습니다. 하지만 제대로 보지도 듣지도 않는 사람들이 많은 것 같아요." 예나 사민당 대회 중 로자 룩셈부르크의 연설. J. P. Nettl, *Rosa Luxemburg*, p. 212 인용.
"…『공산당선언』의 최후 발언은 단지 공개석상에서 듣기 좋은 문구로 이용될 것이 아닙니다.… 우리가 대중에게 '노동자들이 잃을 것이라고는 족쇄밖에 없습니다. 노동자에겐 쟁취할 세상이 있습니다!'라고 말할 땐 거기에 진정성이 있어야죠." 예나 사민당 대회 중 로자 룩셈부르크의 연설. Paul Frölich, *Rosa Luxemburg: Ideas in Action*, p. 98 인용.
"토론이 좀 이상한 방향으로 흘렀군요.… 수감돼 있던 몇 년을 제외하고는 모든 당대회에 빠지지 않고 참석했지만 이렇게 피와 혁명 이야기가 잔뜩 나온 토론은 한 번도 들어본 적이 없습니다. (웃음) 듣고 있다 보니 이따금씩 내 부츠를 살펴보게 되는군요. 벌써 핏물에 잠긴 건 아닌가 싶어서 말입니다! (더 큰 웃음)" 예나 사민당 대회 중 아우구스트 베벨의 연설. J. P. Nettl, *Rosa Luxemburg*, p. 212 인용.
로자 룩셈부르크와 아우구스트 베벨이 주고받은 대화 가운데 마지막 대목은 예나 사민당 대회로부터 한 달 뒤의 일로, 토론하는 중이었다. "아우구스트는 (나무랄 데 없는 다정한 태도를 유지하면서도) 과격급진주의라고 나를 비난하며 큰 소리로 이렇게 말했다. '독일에 혁명이 시작되면, 로자는 당연히 왼쪽에 설 테고 나는 오른쪽에 설 거요.' 그러더니 농담조로 이렇게 덧붙였다. '하지만 우린 로자를 교수대에 매달 거야. 우리 수프 그릇에 침은 못 뱉게 해야지.' 난 조용히 대꾸했다. '누가 누굴 매달지는 두고볼 일이죠.' 만날 이 모양이야!" J. P. Nettl, *Rosa Luxemburg*, p. 213.

2년 뒤인 1907년, 로자는 예나 사민당 대회 연설 후 소요선동죄로 기소되어 징역 2개월에 처해졌다. 그녀의 변론이 명문이다. "… 결론적으로 나는 무죄석방을 요구하는 바입니다. 내가 받게 될 징역형이 두려워서가 아닙니다. 만일 이것이 유죄 판결로 지배계급이 우리에게 가하는 형벌을 견디는 문제라고 한다면, 모든 사회주의자는 최대한 무덤덤하게 복종할 것입니다. 그러나 나에 대한 이번 유죄 판결은 불의이므로, 나는 무죄석방을 요구합니다."
소요와 혁명: 소요선동죄 재판 중 로자 룩셈부르크의 변론. 〈https://www.marxists.org/archive/luxemburg/1906/misc/riot-revolution.htm〉 [2013년 12월 접속 확인].

p. 75

"어젯밤 9시에 열차 편으로 무사히 도착했어. 기차는 난방도 조명도 없었고 군의 호위를 받았어. 만약의 경우를 대비해 느릿느릿 '할머니 속도'로 기어갔어. 도시는 마치 죽은 자들의 공간 같고, 총파업에다 사방에는 군인들이 있어. 일은 잘 돼가고 있고, 난 오늘 활동을 개시해." Luxemburg, *Letters*, p. 220~221.
"부디 바르샤바에서는 브라우닝 기관총을 마주치지 않아야 할 텐데! 입맞춤을 보낼게." 같은 책, p. 219.

p. 76

"… 결정내리지 못하고 좀 두고 보자는 분위기야. 이 모든 것의 원인은 결국 총파업 자체가 실제로 힘이 다 빠졌기 때문이야. 지금은 단도직입적이고 대대적인 시가전만이 해법이 될 수 있어. 하지만 그러려면 적절한 타이밍을 노릴 준비가 필요해." 같은 책, p. 220.
"… 신문 인쇄는 강압적으로 진행됐다. 총구를 들이댄 상태에서 이루어지기도 했다. 간혹 인쇄에 자진해서 참여한 인쇄업자들은 자신들도 습격을 당해 '강요된' 것처럼 가장해 달라고 부탁하기도 했다." Paul Frölich, *Rosa Luxemburg: Ideas in Action*, p. 101~102.

p. 77

"노동자들이 곳곳에서 자발적으로 구체적인 조정안을 내고 있다. 가령, 고용된 노동자들은 실업자들을 위해 매주 정기적으로 모금을 한다. 또는 고용이 주 4일로 축소된 경우, 배제되는 구성원 없이 모두가 매일 최소한 몇 시간씩이라도 일할 수 있도록 상황을 조정한다. 이 모든 과정은 순조롭게 자립적으로 이루어진다.… 공장마다 노동자들이 '자치'위원회를 구성하여 노동, 고용, 해고 등에 관한 제반 조건을 결정한다. 말 그대로 고용주가 '주인장' 노릇을 더 이상 못하게 된 것이다." Luxemburg, *Letters*, p. 228.

1905년까지 러시아제국의 파업 및 경제적 투쟁의 역사는 로자 룩셈부르크가 쓴 "The Mass Strike, the Political Party, and the Trade Unions"에 잘 개괄되어 있다.

p. 78

"절대주의 타도는 길고 끝없는 사회적 과정이다." Luxemburg, "The Mass Strike", trans. Patrick Lavan, *The Rosa Luxemburg Reader*, p. 182.

"대규모 파업을 단순한 하나의 행위나 단발적 행동으로 보는 것은 부조리한 일이다. 총파업은 수년간 지속돼 온 계급투쟁 전반에 대한 단합된 사고이자 징후다." 같은 책, p. 192.

"여기서 원인과 결과는 끊임없이 서로 자리를 바꾼다. 따라서 총파업 기간 중 경제적·정치적 요인은 이제 서로 완전히 분리되어 상호 배타적이 되기에 이르렀으며, 이론적 계획에 포함되면서부터 러시아 내 프롤레타리아트 계급투쟁에서 복잡하게 얽힌 두 가지 측면을 형성한다." 같은 책, p. 195.

"… 혁명의 시기에 한해, 사회적 기반과 계급사회의 장벽이 흔들리고 지속적인 혼란에 노출되면 프롤레타리아트의 모든 정치적 계급 행동은 지금까지 별다른 변화 없이 머물러 있던 노동자계급 전체를 단 몇 시간 안에 수동적인 상태로부터 각성시킬 수 있다. 그리고 이는 자연히 즉각 격렬한 경제적 투쟁의 형태로 표출된다." 같은 책, p. 196.

"대규모 파업이 혁명을 낳는 것이 아니라, 혁명이 대규모 파업을 낳는다." 같은 책, p. 197.

"대규모 파업을 누가 멋대로 선언할 수 있는 게 아님은 분명하다. 그러한 파업 결정이 가장 힘이 센 사민당의 최고위원회에서 이루어지는 경우라 하더라도 마찬가지다." 같은 책, p. 197.

"… 대규모 파업은 억지로 '만들어지지' 않는다. 막무가내로 '결정'하거나 '선전'할 수 있는 것도 아니다.… 특정한 주어진 순간에 역사적으로 불가피한 사회적 조건으로부터 비롯되는 역사적 현상일 뿐이다." 같은 책, p. 170.

"지금껏 살펴보았듯, 자발성 요소는 중요한 역할을 한다.… 그것이 원동력으로 작용하든 혹은 견제력으로 작용하든 마찬가지다.… 투쟁의 개별적 행위마다 수많은 정치 경제적·사회적, 보편적·지엽적, 물질적·정신적 요인들이 상호작용한다. 그러므로 그 어떤 단일한 행위도 수학 문제처럼 정리하여 풀 수는 없는 것이다." 같은 책, p. 198.

p. 79

"… 우리가 보는 것은 피와 살로 된 고동치는 삶의 어느 한 부분이다. 혁명이라는 큰 틀에서 따로 잘라낼 수 없으며 천 개

의 정맥으로 혁명의 모든 부분과 연결되어 있다." 같은 책, p. 191.

"만일 정교한 이론의 목적이 '순전히 정치적 총파업'에 도달하기 위해 대규모 파업을 영리하게 해부하는 데 있다고 한다면, 아무리 파헤쳐봤자 현상의 본질은 파악하지 못한 채, 대상을 완전히 죽이고 말 것이다." 같은 책, p. 195.

p. 80

로자와 레오는 체포 당시 침대에 같이 있었다. "내가 붙잡힐 때 꽤나 우스꽝스러운 상황이었다. 하지만 그 부분은 언급 없이 넘어가야겠다." Luxemburg, *Letters*, p. 229.

"전반적으로 상황이 심각해. 어쨌든 지금 우린 격동의 시대를 지나고 있는 중이니까. '존재하는 모든 것은 소멸돼 마땅한' 때지.

그러니 난 장기적인 환전이나 약속어음 따위는 전혀 믿지 않아. 그러니 모든 걸 마음껏 조롱하며 즐겁게 지내라고. 우린 여기 있고, 대체로 내 인생에선 모든 일이 근사하게 흘러갔어. 난 뿌듯해.…

감방 문이 이제 닫혔어. 모두에게 내 마음을 전하며." 같은 책, pp. 230~231.

이 편지는 시청 교도소 수감 당시 쓴 것이다. 이후 어느 시점에 로자는 바르샤바 성채로 이감됐다.

p. 81

"[접견 시설은] 두 겹의 철망으로 만든 실제 우리 같았다. 큰 우리 안에 작은 우리가 하나 더 들어가 있는 형태로 수감자는 이러한 이중의 격자 구조물을 사이에 둔 채 방문객을 볼 수밖에 없었다.…

6일간의 단식농성 직후라 난 쇠약해질 대로 쇠약해진 탓에 담당 교도관이 나를 접견실까지 거의 들어 옮기다시피 해야 했어. 나는 우리의 철망을 붙잡고 있어야 했는데, 덕분에 영락없이 동물원에 갇힌 들짐승 같은 모습이었을 거야. 그 우리는 방 안의 컴컴한 구석에 놓여 있었고 오빠가 철망에 얼굴을 기댄 채 물었어. '로자 어딨어?' 그러면서 눈물을 계속 훔치는데 안경이 눈물로 온통 얼룩졌지." 로자 룩셈부르크의 편지. J. P. Nettl, *Rosa Luxemburg*, p. 237 인용.

"말씀드렸던 대로 로자 소식을 전합니다.… 상황이 아주 안 좋아요. 군법회의의 협박대로 될 가능성이 다분했습니다. 일단 돈으로 석방을 앞당기기로 했어요."

아돌프 바르샤프스키가 카를 카우츠키에게 보낸 편지. J. P. Nettl, *Rosa Luxemburg*, p. 237 인용. 여기서는 아돌프 바르샤프스키가 요제프 룩셈부르크에게 하는 말로 각색되었다.

196

p. 84

로자는 편지에 "sintemalen sie selbst zuallererst in die Hosen gemacht haben"이라는 문구를 쓰고 있는데, 이는 '그들 자신이 가장 먼저 바지에 흙을 묻힌 장본인들이었기 때문이다'라는 뜻이다. Luxemburg, *Letters*, p. 237.

글이 막히는 데 대해 로자는 이렇게 쓴 바 있다.

"어떤 식이든 글이 잘 안 써질 때 난 독을 마신 느낌이야.… 기분이 아주 나빠지고 일상적인 편지 한 장도 써지질 않아. 상대의 눈을 바라볼 수도 없고 상대에게 내 모습을 보일 수도 없는 그런 기분이지." 같은 책, p. 198.

p. 86

"아우구스트〔베벨〕는 물론이고 나머지 사람들은 더더욱 의회정치에만 혈안이 돼서 골몰해 왔어. 의회정치의 한계를 뛰어넘을 만한 국면 전환은 죄다 단념해 버릴 거야. 실제로, 이들은 거기에 그치지 않고 의회라는 틀 안에 모든 걸 다시 틀어넣으려 할 거야. 그러다 보니 맹렬히 싸울 테지. 마치 '인민의 적'에 맞서기라도 하는 양 그 틀을 뛰어넘으려는 모든 것과 모든 사람들에 맞서서 말이야. 민중, 그리고 그보다도 훨씬 많은 엄청난 수의 동지는 의회주의라면 이미 실컷 맛보았지. 내 느낌은 그래, 당의 전술에 뭐가 됐든 새로운 바람이 분다면 다들 기꺼이 반길 거야." 같은 책, p. 237.

"만하임에서 있었던 당대회에서 군중은 공식 의제엔 아랑곳 않고 이렇게 외쳤어. '러시아 소식을 들려줘요.'" J. P. Nettl, *Rosa Luxemburg*, p. 249.

p. 87

"과장 하나 안 보태고 정말 솔직하게 단언할 수 있는데, 러시아에서 보낸 그 몇 개월은 내 인생에서 가장 행복한 시기였습니다." 만하임 당대회에서 로자 룩셈부르크가 한 연설. J. P. Nettl, *Rosa Luxemburg*, p. 250 인용.

"혁명이 전부라고요. 다른 건 다 쓰레기예요." 룩셈부르크의 편지. *The Rosa Luxemburg Reader*, p. 12 인용.

"… 1907년 초에 있었던 일이다. 로자와 클라라 체트킨은 토요일 아침에 산책을 나섰고 카우츠키의 집에서 베벨과 함께 점심 식사를 할 예정이었다. 로자와 클라라는 시간 가는 줄 모르고 있다가 약속 시간보다 늦게 도착했다. 베벨이 농담조로 길을 잃은 줄 알고 걱정했다고 말하자 로자는 이렇게 대꾸했다. '그러게요, 우리 묘비명을 써주실 수도 있을 텐데 말이죠. ―여기 독일 사회민주의 최후의 2인이 잠들다!'" J. P. Nettl, *Rosa Luxemburg*, p. 251.

p. 90

"아, 자기야, 내가 그림 그리는 것 말고는 아무런 할 일도 없이 2년만 지낼 수 있다면, 나 완전 빠져서 지낼 것 같아. 배우거나 설명을 듣기 위해 화가를 찾아간다거나 누군가에게 뭘 물어보는 일은 없을 거야. 그냥 나 혼자 그리면서 배울 거야. 그리고 당신에게 물어보면 되지! 하지만 다 허황된 꿈이겠지. 나 스스로가 허락할 수가 없거든. 형편없는 내 그림은 개도 거들떠보지 않을 테니까. 하지만 내 글은 필요로 하는 사람들이 있어." Luxemburg, *Letters*, p. 264.

p. 92

"… '솔직하게, 솔직하게 나를 대해줘', 더듬거리며 부드럽게 애원하던 말, 그리고 '날 떠나지 마, 날 버리지 마' 하며 애원하던 편지에 대한 기억이 마치 나를 쇠사슬처럼 얽어맸어." 같은 책, p. 286.

p. 93~95

"난 그 유명한 화이트채플 구역 한복판에 있어. 어느 식당에 혼자 앉아 한 시간 넘게 기다리고 있는 중이야. (밤 10시가 좀 넘었네.)

구질구질한 기분으로 컴컴하고 끝없는 역 지하를 가로질러 나와 우울해진 나는 도시의 이 낯설고 사나운 구석에서 길을 잃었지. 여긴 어둡고 지저분해. 희미한 가로등이 깜박이며 곳곳에 고인 물웅덩이에 반사되고 있어. (하루 종일 비가 왔어.) 어둠 속에서 오른쪽 왼쪽으로 형형색색의 식당과 술집들이 음울한 빛을 뿜어내지. 술 취한 사람들이 시끄러운 소리 내며 비틀대고 거리 한가운데서 소리를 질러대. 남자애들은 신문 사라고 외쳐대고 여자애들은 길모퉁이에서 꽃 사라고 외쳐대는데 오싹하리만치 추하고 사악한 얼굴을 하고 있어. 마치 파스킨이 그린 그림 같더군. 수없이 많은 합승마차가 채찍 휘두르는 소릴 내며 삐걱대며 지나가. 그야말로 아수라장이고 거칠고 기묘한 광경이지.…

드디어 〔호텔을〕 찾았어. '세 수녀(The Tree Nuns).' 아니, 이름부터가 벌써 예사롭지 않죠. 식당엔 불이 환한데, 텅 비어 있어. 안도의 한숨을 내쉬자니 작은 테이블에 앉아 있는 여자 두 명이 눈에 들어왔어. 모든 투숙객이 이 여자들과 안면이 있고 허물없는 사이인 걸 불행히도 그다음에 발견했지. 다들 모자를 쓴 채 그 테이블에 합석을 하고 있더라고. 반대쪽에서는 몇몇 사람들이 알 수 없는 종류의 위선을 떨고 있어. 그들이 읊어대는 2행시가 다 들리더라고. 한 사람씩 돌아가며 한바탕 요란한 박수를 받는데, 발까지 굴러대는 게 무슨 고삐 풀린 야생마들 같더군.…

그런데 그 순간 갑자기 내 안에 어떤 집시의 피가 꿈틀하는 거야. 대도시의 밤, 그 날카로운 화음에 악마의 주술이 더해졌는지, 그 큰 도시에 사는 아이들 영혼의 현을 건드리더군. 깊숙한 곳에서 희미한 욕망에 불이 들어오는 거야. 소용돌이 속에 뛰어들고 싶은 욕망.…

머리는 덥수룩하고 눈동자는 짙은 그 청년은 이 얘기를 들으면 뭐라고 할까? 그 청년의 얼굴에는 평온함과 차분함이 감돌지만, 해가 떠오르는 산의 근사한 풍경을 보면 그 영혼 속에서 아침의 희뿌연 물안개가 휘돌며 일기 시작하지. 자기야, 내가 잡담만 잔뜩 했네. 가서 잠 좀 자거나 산책을 해. 안녕, R. L." 같은 책, pp. 239~240.

p. 96

요기헤스는 1907년 2월 탈옥을 하여 4월 베를린에 나타났고, 거기서 5월 중순 런던 회의 참석차 떠나기 전이던 룩셈부르크와 마주쳤을 것이다. 로자는 그가 런던 회의에 있다는 사실을 알고 있었고 그곳에 그와 함께 간 것일 수도 있다. 그러나 룩셈부르크의 편지를 보면 5월 23일에 적은 이 편지로 인해 레오 요기헤스가 로자와 코스티아 체트킨의 연애 관계를 알아차린 계기가 됐음을 알 수 있다.

"… 당신 편지를 L이 가로챘어. 어제 상황은 좋은 말로 간단히 끝났지만 오싹한 조우였어. 버스를 타고 이동하는 중이었지.

편지에 대해서는 언급 없이 내일 떠나기로 한 내 계획에 대해 이야기를 나누고 있었어. L은 내가 떠나게 두지 않을 거라면서 곧 나를 죽여버리겠다는 거야. 병원에 머무는 한이 있더라도 아무튼 난 여기 있게 될 거래.… 우린 곧장 근사한 레스토랑으로 들어갔어. 거기서 오빠가 내게 저녁을 사기로 했거든. 실내 관현악단이 카르멘의 마지막 장을 연주 중이었고, 음악이 흐르는 동안 L은 내게 가만히 속삭였어. 나를 곧 때려 죽이겠다고.

… 이상하게도 평온한 느낌이야. 이 조용한 충돌이 어쩌면 내 죽음으로까지 이어질 수도 있겠지. 그런데 그 덕분에 내 맥박이 활기차게, 심지어 기쁜 듯이 뛰어. 이미 말했듯이, 난 아무것도 몰라. 내가 아는 건 딱 하나야. 지독하게 당신 걱정을 하게 됐다는 거. 사랑하는 우리 귀여운 자기, 조심해야 해. 당신 인생에는 앞날이 창창하니까." 같은 책, p. 241.

로자가 런던에서 실제로 만난 것은 막스가 아니라 오빠 미콜라이였다. 명료하고 간결한 이야기를 만들기 위해 이 만화에서는 주변 인물들을 응축시켰다.

p. 97

14개월 뒤에야 코스티아에게 편지를 쓰는 로자!

"어제 레오 요기헤스가 여기 왔었는데, 분명한 건 그가 내 여정에 동행하려 한다는 거야. 내가 당신을 만날 때 당신을 총으로 쏘고 자살하려는 거야.… 지금 그 사람의 정신 상태는 심각해. 충격으로 자아가 산산조각 났는지 정신이 이상해졌어. 이 생각 말고는 아무것도 눈에 보이는 게 없는 것 같아. 그래서 나도 이제 어찌해야 할지 모르겠어.… 당신의 인생까지 위험에 처하게 해야 할까?" 같은 책, pp. 261~262.

"L은 아파트로 들어와 내 방으로 뛰어 들어오더니 내가 K와 여행할 생각이라는 걸 알았다며 울부짖었어. 어떻게든 종지부를 찍지 않으면 나는 거기서 송장이 되겠더라고. 순간 얼음처럼 냉정하고 차분해지더라. 상황이 벌어지는 동안 언제나처럼 나는 자리에 앉은 채로 아무런 대꾸도 하지 않았어. 그게 그를 더 미쳐 날뛰게 만들었고 그는 당신을 찾겠다며 뛰쳐나갔어. 당신 주소를 달라고 난리더니 기어이 게르트루트(즐로트코)에게 열쇠 두 개를 다 받았지. 그걸 보고 나는 KK(카를 카우츠키) 댁으로 가서 밤새 몸을 피했어. 내 기분은 말로 다 못해, 그날 밤은 정말 무서웠어. 다음 날 아침 나는 편지 생각이 나서 그 댁 아들들과 함께 내 아파트로 가다가 길에서 그를 봤어. 물론 그는 나를 못 봤고, 나는 위층으로 올라갔어. 내 편지가 널브러져 있더라고, 펼쳐진 채로.…

그러더니 그가 주머니에서 뭔가를 잡는 거야. 순간 난 얼음처럼 차갑게 굳는 기분이더라고. 고개도 한 번 안 돌렸어. 그때 그가 나갔어. 난 사실 속으로는 이런 상황에 너무 화가 나고 불안해서 미칠 것 같았어.…" 같은 책, pp. 250~251.

"루이제 카우츠키에 따르면 로자가 권총을 구입한 것은 자기 신변 보호 때문이었다." J. P. Nettl, *Rosa Luxemburg*, p. 258. "베개 밑에 넣고 잔다"는 구절은 내가 덧붙인 것이다. 하지만 여자가 자기 집 열쇠를 손에 넣은 남자로부터 자신을 보호하기 위해 총을 지닌다면, 아마 잘 때 총을 책상 서랍 같은 곳에 두지는 않을 것이다.

p. 98

"그녀는 다양한 경제체제, 그 특징들, 응용 사례와 대의를 다루는 걸로 교육 과정을 시작했다. 이러한 맥락에서 마르크스 이전과 이후의 주요 경제 이론들에 대해 살펴보았다. 여러 주에 걸쳐 생산과 교환 간 관계가 전개되는 실제 양상과 그것이 부르주아 사회학에 반영되는 전체 그림을 그려본 다음, 마르크스 이론으로 들어갔다. 『자본』을 기본 교재로 삼았다." Paul Frölich, *Rosa Luxemburg: Ideas in Action*, p. 147.

룩셈부르크는 1908년 9월 14일 뉘른베르크 사민당 대회 연설에서 사민당 학교의 가치를 옹호하며 그 중요성을 강조했다.

"역사에 대한 유물론적 개념.… 이 이론을 통해 우리는 분명한 사실들을 체계화함으로써 적에 맞서 싸울 치명적 무기로 구축해 낼 수 있다."

Selected Political Writings of Rosa Luxemburg, 1971,

ed. Dick Howard, trans. John Heckmm, 〈https://www. marxists.org/archive/luxemburg/1908/14.htm〉〔2013년 12월 접속 확인〕.

p. 99

"이 옛날 독일의 경제체제보다 더 단순하고 조화로운 모습은 상상할 수 없을 것이다.… 일상의 당면한 필요와 모든 사람의 동등한 충족. 이것이야말로 조직의 출발점이자 도착점이다. 모두가 모두를 위해 일하고 모든 것에 대해 다 같이 결정한다. 개인보다도 집단이 우선되는 이 조직과 이 저력의 근원과 바탕은 무엇일까? 그것은 바로 토지와 흙이라는 공동의 재산이다. 즉, 가장 중요한 생산수단을 일하는 사람들이 공동으로 소유한다는 것이다."
The Rosa Luxemburg, p.75에 인용된 "The Dissolution of Primitive Communism", *An Introduction to Political Economy*, trans. Ashley Passmore, Kevin B. Anderson.
「소위 원시적이라 일컫는」과 관련하여. 로자 룩셈부르크는 *Introduction to Political Economy*에서 '소위 야만 국가'라는 구절을 사용하고 있다. 단계별 규정을 통해 사회는 분명히 '진보 중'이라고 보면서도, 자본주의적 문명화에 대해 강하게 비판하고 식민주의라는 거리두기 메커니즘을 비평하면서 '원시'와 '문명'을 직접 비교한다.
"모든 문화마다… 삶을 개선하고 지적·사회적 욕구를 충족시키는 데 도움이 되는 온갖 물건들이 있기 마련이다. 소위 야만인들에게는 춤출 때 쓰는 가면이나 활과 화살, 우상 같은 것들이 있을 테고, 우리는 사치품이나 교회, 기관총, 잠수함 같은 것들이 있다."
The Complete Works of Rosa Luxemburg: Vol 1, Economic Writings 1, ed. Peter Hudis, trans. David Fernbach (Verso, 2013) p. 95에 인용된 R. Luxemburg, *Introduction to Political Economy*.
"〔그〕 주술사 혹은 유럽인들의 표현을 빌리자면 마술사나 사제." 같은 책, p. 182.

p. 100

"주당 4개 강좌를 맡을 경우, 반년(10~3월)짜리 과정으로 강사 1인은 3천 마르크를 벌어. 꽤나 전망이 밝은 셈이지.… 정말 우연히 찾아온 기회야. 이 베를린 과정의 강의 준비가 꽤 돼 있어서, 기존의 강의 계획을 활용할 수 있었어. 세부 내용만 보강하면 되는 거였지." Luxemburg, *Letters*, p. 246.
"나는 햇볕에 몸을 데운다.…" 같은 책, p. 253.
"당신을 바라보는 건 내게 미적 쾌락을 줘. 하지만 내가 당신을 육체만 사랑한다고 생각하진 마. 어쨌든 나는 육체와 영

혼을 따로 떼어 생각할 수 없으니까. 내겐 그건 하나야." 같은 책, p. 269.

p. 101

"… 하지만 어느 화창한 날 공산주의사회가 이렇게 재편된다고 생각해 보자. 공유재산도 더 이상 존재하지 않고, 이를 관리할 공동의 노동이나 의지도 없다. 고도로 발달된 부서는 확보되어 남아 노동 부문을 담당한다. 구두 만드는 사람은 여전히 구둣골 앞에 앉아 있고, 빵 굽는 사람은 오븐밖에 모르며, 자물쇠 만드는 사람은 대장간밖에 모른 채 망치질을 할 것이다. 이 모든 개별 노동을 공동의 노동으로, 사회경제로 연결시켰던 사슬은 이제 끊어진 상태다. 이제 모두가 따로따로다. 농부, 구두 만드는 사람, 빵 굽는 사람, 자물쇠 만드는 사람, 방직하는 사람 등 모두 마찬가지다. 각자는 완전히 자유롭고 독립적이다. 공동체는 더 이상 개인에게 아무런 할 말이 없다. 아무도 전체를 위해 일하라고 하지 않으며, 아무도 남의 필요에 신경 쓰지 않는다. 과거에는 하나의 전체였던 공동체가 개별적인 소립자 혹은 원자가 되어 흩어져버린 것이다. 마치 천 개의 파편으로 산산조각 난 거울처럼 말이다. 이제 사람은 저마다 먼지처럼 공중에 떠다니며 어쩔 줄을 모르게 된 것이다." *The Complete Works of Rosa Luxemburg*, p. 235에 인용된 R. Luxemburg, *Introduction to Political Economy*.
"오늘은 구두 만드는 사람이 운 좋게도 물물교환을 할 수 있어서 생존에 필요한 수단을 반대급부로 얻을 수 있었다고 한다면, 단지 배불리 먹고 적당히 옷을 입을 수 있을 뿐 아니라 사회의 쓸모있는 일원으로 인정받았다는 생각에 뿌듯한 마음으로 집에 돌아갈 수 있다. 그러나 만일 아무도 원하는 사람이 없어서 자기가 만든 장화를 들고 집으로 돌아간다면, 우울할 법하다. 먹을 수프가 없어서이기도 하지만 무엇보다도 냉정한 침묵 속에 어떤 메시지가 전달되었기 때문이다. 친구여, 사회는 자네를 필요로 하지 않네. 자네의 노동은 전혀 필요가 없었어. 자네는 잉여인간이니 기꺼이 가서 스스로 목이나 매게." 같은 책, p. 238.

p. 102

"…상품생산과 교환의 기반이 되는 형식적 평등과 자유는 이미 허물어져 불평등과 부자유 속으로 함몰되어 버렸다. 노동력이 상품으로서 시장에 나타나는 순간 이미 시작된 현상이다." 같은 책, p. 273.
"… 전 인류는 자신도 모르는 사이에 스스로 만들어낸 자본이라는 맹목적인 사회적 힘의 멍에를 진 채 끔찍한 고통에 신음하고 있다. 생산의 모든 사회적 형태의 기본 목적은 노동으로

사회를 존속시키고 그 필요를 충족시키는 것인데 여기서는 완전히 앞뒤가 바뀌어버렸다. 생산은 더 이상 민중을 위한 것이 아니며, 이윤을 위한 생산이 전 세계적으로 법칙처럼 돼 버렸다. 동시에 과소 소비, 소비의 지속적 불안정, 그리고 절대다수 대중의 직접적 비(非)소비가 관례화되고 있다." 같은 책, p. 297.

p. 103

"… 명료한 생각을 가지고 있고, 주제에 대해 진정으로 통달한 사람이라면 자기 생각을 분명하고 이해하기 쉽게 표현하기 마련이다. 모호하고 거창한 용어들을 사용한다면, 순전히 철학적인 개념을 구상해 내는 사람이나 종교적 신비주의를 추구하는 몽상가가 아닌 다음에야, 본인 스스로 그 문제에 대해 입장이 분명치 않거나 명료한 입장을 밝히기를 꺼리는 이유가 있음을 나타낼 뿐이다.…" 같은 책, p. 91.
"다시 말해, 사회의 삶 속에서 모순은 늘 발전에 의해, 문화의 새로운 진보 속에서 해결된다. 위대한 철학자 헤겔은 이렇게 말했다. '모순이야말로 세계를 움직이는 원리다.' 그리고 격렬한 모순 속에서의 이러한 움직임이야말로 인류 사회의 진정한 발전 양상이다." 같은 책, p. 251.
"1910/11년 중에 엄청난 논쟁이 있었다.… 당 정책에 관한 학생들의 견해를 알아보기 위한 것이었다.… 메링과 로자는 일부 학생들이 수정주의 입장 전반을 맹렬히 옹호하고 나서는 것에 큰 충격을 받았다. 실제로 교육과 격론의 진정한 가치는 구체적인 양보를 최대한 빨리 얻어내는 것이었던가? 그 후 로자 룩셈부르크는 프란츠 메링에게 이렇게 말하기도 했다. '그렇다면 과연 사민당 학교 자체에 의의가 있기는 한 건지 궁금해져.' 그럼에도 불구하고 로자는 그곳에서 일하는 것을 좋아했다.…" J. P. Nettl, *Rosa Luxemburg*, p. 267.

p. 104

"… 가르침을 통해 주제를 더욱 선명하게 부각시켜야 비로소나는 생각을 전개시켜 나갈 수 있었다." 룩셈부르크의 말. J. P. Nettl, *Rosa Luxemburg*, p. 265 인용.
『자본』 제1권의 「잉여가치의 자본으로의 전환」에서 〔마르크스는〕 이렇게 적고 있다. "연구 대상을 고찰하기 위해서는 전 세계를 하나의 국가로 보고 자본주의적 생산이 모든 곳에서 확립되어 모든 산업 부문을 지배하고 있다고 가정해야 한다." Luxemburg, *The Accumulation of Capitall*, trans. Agnes Schwarzchild (Routledge Classics, 2003), p. 311.

p. 105

"… 마르크스는 '현 상태에서' 전체 자본의 흐름이 세 가지 범주의 소비자에게 전적으로 달려 있다고 본다. 즉, 소비자는 자본가, 노동자, '비생산계급'으로 나뉘는데, '비생산계급'은 자본가계급에 기식하는 이들(왕, 성직자, 교수, 창녀, 용병)이다. 마르크스는 제2권에서 이들을 단지 파생적 구매력을 지닌 집단으로 치부하며 잉여가치나 노동 임금에 대한 기생적 공동 소비자로 간주하고 있다." 같은 책, p. 312.

p. 106

"하나만 부탁할게. 더 이상 날 사랑하지 않는다면, 그냥 솔직하게 말해줘. 딱 세 단어로. 절대 난 당신을 조금도 원망하지 않을 거야. 결국 당신도 어쩔 수 없는 일이니까. 언젠간 그런 날이 오겠지.
하지만 솔직해야 해. '인생에서 진실해야' 할 의무가 있으니까. 그리고 나를 생각해서라도. 마지막이 될 테지만 나는 키스할 거야. 키스할게. 내 사랑하는 사람이여." Luxemburg, *Letters*, p. 285.
"… 처음에 당신에게 말했던 대로 됐네. 당신은 당신의 사랑으로 인해 나 역시 당신을 사랑하지 않을 수 없게 만들어버렸고, 당신의 사랑이 완전히 사라져버리려 할 때 나의 사랑에도 같은 일이 벌어지기 시작했을 테지. 이 짐을 좀 더 일찍 당신에게서 덜어주지 못했다는 사실 때문에 마음이 아팠어. 붙잡힌 아기 새의 화나고 괴로운 모습을 보며 나도 고통스러웠지만, 감히 떠나라는 말은 하지 못했지. 내심 나는 우리의 관계를 신성하면서도 진지하게 생각했으니까. 가엾은 청년이여, 말 한마디면 언제든 자유로워질 수 있었을 텐데 갇혀 있는 것처럼 느꼈던 거잖아. 실은 나도 갇혀 있었던 거고, '솔직하게, 솔직하게 나를 대해줘,' 더듬거리며 부드럽게 애원하던 말, 그리고 '날 떠나지 마, 날 버리지 마' 하며 애원하던 편지에 대한 기억이 마치 나를 쇠사슬처럼 얽어맸어.…
기쁜 마음과 열정을 가지고 일할 거야. 그리고 내 삶을 좀 더 엄격하고 명료하고 순결하게 꾸리기로 결심했어. 당신과 함께 있으면서 삶에 대한 내 시선이 더 성숙해졌고, 그래서 당신에게 이런 말도 들려줄 수 있네. 이제 당신은 새처럼 자유로워졌어. 행복하게 지내." Luxemburg, *Letters*, p. 491.
"여자의 성격은 사랑이 시작될 때가 아니라 사랑이 끝날 때 드러난다는 말은 맞는 것 같다." 룩셈부르크의 편지. *The Rosa Luxemburg Reader*, p. 9 인용.

p. 107

"반세기가 넘도록 불변의 상황이었던 프로이센 내 투표권 문제는 이제 독일의 공적 영역의 핵심이 되었다. 프롤레타리아트가 주도한 여러 주에 걸친 역동적인 대중행동은 프로이센의 오래된 늪을 휘저어 반응을 이끌어내고 독일 전역의 정치적 삶 전반에 새로운 바람을 불어넣기에 충분했다. 프로이센 선거법 개혁은 의회정치를 통해서는 이루어낼 수 없으며, 오직 바깥으로부터 시작되는 직접적인 대중행동만이 국가 전역에 변화를 가져올 수 있다.…"
Luxemburg, "The Next Step", *Selected Political Writings*, trans. W. D. Graf, ⟨https://www.marxists.org/archive/luxemburg/1910/03/15.htm⟩ [2013년 12월 접속 확인].
"집회가 얼마나 붐볐는지, 봤으면 기절했을지도 몰라요(천 오백 명쯤은 됐지). 분위기도 끝내줬죠. 당연히 난 혼신의 힘을 다했고, 그랬더니 우레 같은 갈채가 쏟아졌어요. (한스[디펜바흐], 게를[라흐], 코샤[코스티야 체트킨], 에크스트[에크슈타인]가 그 자리에 같이 있었고, 에크스트가 있었던 건 어제 직접 이야기를 듣고 나서야 알았어요.)" Luxemburg, *Letters*, p. 290.
"친애하는 룰루! 모든 게 순조로워요. 여덟 개 집회는 끝났고, 이제 여섯 군데만 더 가면 되네요.…" Luxemburg, *Letters*, p. 290.

p. 108

'카를이 아무 말도 안 해준다'는 것은 문학적 장치다. 루이제는 아마 사건의 추이를 카를과 다를 바 없이 알고 있었을 가능성이 크다. 그러나 이들의 결혼관계는 흔들리고 있었다. 네틀에 따르면, 로자는 루이제가 다른 누군가와 사랑에 빠져 있음을 알고 있었다.
"어떤 경우에도 이걸 인쇄할 일은 없을 거요.… 우리 강령에 공화제에 관한 언급은 단 한마디도 없습니다. 실수나 편집상의 변덕 문제가 아니라, 충분히 생각하고 근거에 입각한 거요."
룩셈부르크가 인용한 카우츠키의 말. "Theory and Practice", *The Rosa Luxemburg Reader*, p. 209 인용.
"… 단지 의회 형태로 포장하고 봉건적 색채까지 뒤섞은, 군사독재에 지나지 않는 국가를 부르주아계급이 멋대로 휘두르고 관료주의가 지탱하며 경찰이 수호하고 있다."
룩셈부르크가 인용한 마르크스의 고타 강령 비판. "Theory and Practice", 같은 책, p. 213 인용.
"… 독일에는 가장 힘센 정당, 가장 힘센 노조, 최고의 조직, 최상의 규율, 가장 계몽된 프롤레타리아트가 있고, 마르크스주의의 영향력도 가장 막강하다. 사실, 이런 방식으로 우리는 단일한 결론에 도달하게 된다. 사회민주주의가 힘을 발휘할수록, 프롤레타리아트는 오히려 힘을 잃는다는 것이다. 그러나 과거 다른 곳에서 가능했던 총파업과 시위가 오늘날 독일에서 불가능하다고 말하는 것은 마땅한 대우 한 번 해준 적 없는 독일 프롤레타리아트에게 무능이라는 낙인을 찍는 일이

나 다름없다." 같은 책, p. 231.
"나는 이런 사소한 방식으로 충성심과 우정을 평가하는 법을 익히 알고 있으며, 그가 내 등에 칼을 꽂은 건 실수였다고 [카를에게] 전해줘요." Luxemburg, *Letters*, p. 291.
'무척추동물'이라는 표현은 로자가 1899년 『포어베르츠』 편집진을 공격하며 썼던 유명한 말과 일맥상통한다.
"생물에는 두 종류가 있다. 척추가 있어서 걷고 뛸 수 있는 것들과 척추가 없어서 기어다니며 여기저기 매달리는 것들이다." Paul Frölich, *Rosa Luxemburg: Ideas in Action*, p. 42.

p. 109

"걱정 말고 기운 내요. 거장의 작품 피가로 노랠 불러봐요." Luxemburg, *Letters*, p. 254.
"언젠가 베벨 씨네 집에서 저녁 식사를 한 뒤 자정이 다 되어 같이 집으로 돌아오다가 길 한가운데서 우리 셋이 개구리의 정기연주회를 열었죠. 그때 당신이 그랬어요. 우리 둘이 함께 있을 때면 늘 약간 취한 기분이라고요. 실컷 술을 마시고 난 뒤처럼 말예요. 바로 그런 점에서 난 당신이 너무 좋아요. 난 늘 당신을 샴페인 무드로 만들어 줄 수 있으니까. 인생은 우리 손가락을 간질간질하게 만들고 우릴 어떤 바보짓도 거뜬히 해낼 수 있게도 하죠." 같은 책, p. 365.
"나 웃음보가 터져버렸어요, 그럴 때 내가 어떻게 웃는지 알 테죠." 같은 책, p. 404.

p. 110

마치 007영화에나 나올 법한 대사 같지만, 실제로 베벨이 빅토어 아들러에게 한 말을 인용한 것이다.
"잘난 로자가 우리 계획을 망치게 놔둬선 안 돼.… 이 논쟁은 묻어버려야 해.'
[빅토어 아들러의 회신] '정말 유감일세. 그 독한 계집이 앞으로 엄청난 피해를 입힐 거야. 게다가 원숭이처럼 영리한 여자지만 도무지 책임감이 없어. 그저 자기 합리화를 위한 비뚤어진 욕망 때문에 저러는 거야.… 클라라까지 자리를 얻어서 로자와 제국의회에 앉아 있다고 생각해 봐! 실소가 터질 만한 장면이지. 거기에 비하면 바덴에 가는 건 즐거운 소풍처럼 보일 지경이라니까." J. P. Nettl, *Rosa Luxemburg*, p. 291.
"여자들은 이상해. 열정이나 허영심이 문제가 되면, 제아무리 똑똑한 여자라도 분노로 궤도를 이탈해서는 적대감을 품고 급기야 우스꽝스러워진다고. 사랑과 증오는 나란히 눕는 법이지. 이성의 통제 따윈 없다고."
아우구스트 베벨이 카를 카우츠키에게 쓴 편지. *The Rosa Luxemburg Reader*, p. 14 인용.

본래 빅토어 아들러가 한 말을 미안하게도 에마누엘 뷔름 박사의 대사로 바꾸어 넣었다. 200페이지 미만의 그래픽 안에 로자 룩셈부르크의 삶 전체를 일관된 이야기로 만들어 넣으려다 보니 주요 인물 가운데 일부는 통합시킬 수밖에 없었다.

p. 111

The Accumulation of Capital 자체를 읽기 전에 먼저 *The Accumultation of Capital: An Anti-Critique**부터 읽어 볼 것을 권한다. 주장의 요지는 동일하나 좀 더 간결하고 재미있게 쓰여 있다.

"자본주의적 축적이라는 이러한 중요한 문제에 대해 마르크스의 『자본』에서는 왜 해법을 제시하지 못하고 있느냐고 묻는다면, 우선 『자본』 제2권이 완결된 저작이 아니라 중간에 끊긴 수기 원고라는 점부터 고려해야 한다." Luxemburg, *The Accumulation of Capital*, p. 139.

경제에 관한 로자 룩셈부르크의 견해는 시대보다 앞서간 것임을 지적할 필요가 있다. 당시만 해도 국내총생산이나 국민소득 같은 용어를 사용하여 국가 경제를 분석하는 사람이 전무했다.

"아마도 우리는 말 위에 이미 올라타 있으면서도 절박하게 말을 찾아 헤매는 사람처럼 행동할 수도 있을 것이다. 자본가들이 나머지 상품에 대한 상호 고객이 될 수도 있다. 즉, 무분별하게 이용하는 것이 아니라 생산의 확대, 축적에 이용하기 위해 구매한다는 뜻이다. 그렇다면 축적이 자본주의적 생산의 확대와 다른 점은 무엇인가? 이러한 목적에 부합하는 상품은 자본가들의 사적 소비를 위한 사치품이 아니라, 다양한 종류의 생산수단(새로운 불변자본)… 그리고 노동자들을 위한 생활 수단으로 이루어져야 한다.

좋다! 그러나 이러한 해법은 문제를 지금 이 순간으로부터 다음 순간으로 밀쳐낼 뿐이다. 축적이 시작되어, 다음 해에 생산이 증대되어 올해보다 훨씬 많은 양의 상품을 시장에 쏟아낸다고 가정하면, 동일한 질문이 다시 등장한다. 이렇게 훨씬 많아진 상품의 구매자를 어디서 찾을 수 있는가? 다음과 같이 답할 수 있을 것이다. 이제 이렇게 계속 증가하는 상품은 또다시 자본가들이 생산을 더 확대하기 위해 상호 교환할 것이다. 그리고 매년 이렇게 계속되는 것일까?

그렇다면 우리에게는 허공에서 도는 회전목마가 놓여 있는 셈이다. 이는 화폐자본의 축적 같은 자본주의적 축적이 아니며 오히려 그 반대다. 즉, 생산을 위해 생산하는 것인데 이는 자본의 견지에서 볼 때 완전한 부조리다. 계급으로서 자본가들이 상품 총량을 구매하는 유일한 이들이라면… 그리고 자신들의 화폐로 늘 그 상품들을 구매해야만 하고, 잉여가치를 환금해야 한다면, 이윤을 쌓는 일, 즉 축적은 자본가계급에

게 불가능한 일이 된다.…

원하는 대로 이리저리 맞춰보려 들 수도 있겠지만, 자본가와 노동자 외에 다른 계급이 없다는 가정을 고수하는 한, 자본가계급이 잉여 물자를 없애고 잉여가치를 화폐로 바꿈으로써 자본을 축적할 수 있는 방법은 전혀 없다."

Luxemburg, "Chapter 1: The Questions at Issue", *The Accumulation of Capital: An Anti-Critique*, trans. Rudolf Wichmann, 〈https://www.marxists.org/archive/luxemburg/1915/anti-critique/index.htm〉〔2013년 12월 접속 확인〕.

*『자본의 축적』을 먼저 집필한 뒤 이 『자본의 축적: 반비판』을 통해 자신의 견해에 대한 비판을 재반박했다. ─옮긴이

p. 112

"내가 『자본의 축적』을 쓰던 때가 내 인생에서 가장 행복했던 시기야. 마치 '천국'에 있는 양 그야말로 행복감에 흠뻑 젖어 살았어. 밤이고 낮이고 내 눈과 귀에는 오직 한 가지만이 눈부시게 펼쳐졌지. 무엇이 내게 그토록 큰 즐거움을 선사했다고 해야 할지는 잘 모르겠어. 머릿속에서 복잡한 문제를 이리저리 뒤집어보며 생각하는 과정일 수도 있지. 방 안을 천천히 걸어 다니는 동안 미미는 나를 가까이서 예의주시해. 조그만 발을 웅크린 채 붉은색 플러시 테이블보 위에 엎드려서는 내 움직임을 따라 고 똑똑한 머리를 계속 왔다 갔다 움직이지. 혹은 손에 펜을 쥐고 내 생각에다 모양새와 문학적 형태를 입히는 과정이었을 수도 있어. 알다시피 당시엔 넉 달 동안 한 번에 서명을 서른 장씩이나 했지. 전무후무한 사건이었어! 게다가 초고를 단 한 번도 다시 읽지 않고 바로 인쇄 보냈잖아." Luxemburg, *Letters*, pp. 408~409.

"자본주의는 잉여가치 판매 시장으로서, 생산수단의 공급처로서, 그리고 임금 체제를 위한 노동력 저장소로서 비자본주의적 사회계층이 필요하다.… 그러므로 언제 어디서나 자본주의는 그것이 맞닥뜨리는 모든 〔다른〕 형태의 경제에 맞서 파괴전을 수행한다. 노예제 경제, 봉건주의, 원시 공산주의, 가부장적 농업경제 등 무엇이든 마찬가지다. 이 싸움에서 주된 방법은 정치적 압력(혁명과 전쟁), 국가 차원의 세금 압박, 저렴한 상품 등이다. 이 방법들은 동시에 적용되기도 하고, 연속적 그리고 상보적으로 적용되기도 한다. 유럽에서는 이러한 압력이 봉건주의에 맞선 투쟁이라는 혁명의 형태(17, 18, 19세기의 부르주아혁명에 대한 근본적인 설명이 된다)로 나타났고, 좀 더 원시적인 사회구조에 맞서 싸우는 유럽 외 국가들에서는 식민지 정책의 형태로 나타난다. 조세제도와 맞물린 이러한 방법들은 특히 원시적 공동체의 경우 정치적 힘과 경제적 요인들이 서로 밀접한 협력 관계를 형성한다."

Luxemburg, *The Accumulation of Capital*, pp. 348~349.

로자 룩셈부르크는 *The Accumulation of Capital*에서 한 장 전체를 할애해 자본주의적 팽창주의의 행위자인 국제 차관의 기능을 설명하고 있다.

"아시아에서 독일 상품을 독일 자본으로 지불하여 구매하는 이러한 사업이 일견 우스꽝스러운 순환으로 보인다. 마음씨 좋은 독일인들이 영리한 터키인들에게 자신들의 문명이 만들어낸 걸작을 그저 '사용'할 수 있게 허락이라도 한 듯한 모양새다. 그러나 실제로는 그렇지 않다. 사실상 국가 차원의 강제하에 독일 자본과 아시아 농업경제 간에 맞교환이 이루어진 것이기 때문이다. 이는 터키 내에서 독일 자본이 정치적·경제적으로 확장해 나가기 위한 구실로서 점진적 축적과 '이해 영역'의 확장 기반을 다지는 한편, 국가가 앞장서서 철도를 건설하고 상품을 교환하는 데도 일조한다. 그리고 이는 아시아 농업경제의 급속한 해체, 파괴, 착취를 토대로 하며, 터키 정부는 이와 동시에 재정적·정치적으로 유럽 자본에 점차 더 종속되고 있다." Luxemburg, *The Accumulation of Capital*, pp. 424~425.

"미쳐 날뛰는 호랑이"라는 표현은 룩셈부르크의 글에서 인용한 것은 아니다. 고양이 미미를 시각적 은유로 연이어 활용하고자 포함시켰다.

'본원적 축적'이라는 개념은 룩셈부르크가 살던 당시부터 생겨난 것으로, 자본주의가 국가 내뿐 아니라 국가 간 새로운 시장으로 침투하는 과정을 설명하는 데 활용됐다. 오늘날 우리는 겉으로는 식민 통치 시대 이후의 세계에 살고 있다. 각국 정부는 무력으로 다른 나라의 지배를 지속하는 것에 공개적으로 동참하지는 않는다. 그러나 비자본주의 시장에 대한 자본주의의 침투는 진행 중이다. 공공서비스의 제공을 사유화하고 중심가의 식료품 잡화상을 다국적 슈퍼마켓 체인으로 대체시키는 것과 동일한 과정이다. 동시에, 열대우림을 밀어버리고 햄버거를 만들기 위해 소를 키우고 해외에서 '군사개입'을 지원한다. 182페이지의 첫 번째 그림에 등장하는, 울타리로 둘러막은 운동장은 본원적 축적의 한 예다.

p. 113

"근대의 산업이 영국에 처음으로 자리를 잡은 뒤 한 세기 반이 지나는 동안, 자본주의 세계경제는 전 인류의 고통과 경련을 대가로 치르며 확고해졌다. 그리고 생산의 가지를 하나씩 차례로 장악하고 국가를 하나씩 차례로 통제하고 있다.… 증기와 전기, 불과 칼로."

The Complete Works of Rosa Luxemburg, p. 120에 인용된 Luxemburg, *Introduction to Political Economy*.

"자본주의는 프로파간다라는 무기를 갖춘 최초의 경제형태로, 세계 전체로 확산되어 다른 모든 경제를 말살시키며 다른 경제형태를 용인하지 않는 성향을 띤다. 그러나 동시에 자본주의는 독자적으로는 존재할 수 없고, 매개나 토양 역할을 해 줄 다른 경제형태를 반드시 필요로 하는 최초의 경제형태이기도 하다. 자본주의는 전 세계적인 것이 되고자 애를 쓰지만, 실제로는 바로 이러한 성향 때문에 결국 붕괴할 수밖에 없다. 자본주의는 생산의 보편적 형태가 절대 될 수 없기 때문이다. 그 생생한 역사만 보더라도, 자본주의는 그 자체가 모순이다.…" Luxemburg, *The Accumulation of Capital*, p. 447.

p. 114

"무력은 자본주의가 동원할 수 있는 유일한 해법이며, 역사적 과정으로 간주되는 자본의 축적은 무력을 항구적 무기로 이용한다." Luxemburg, *The Accumulation of Capital*, p. 351.

"유럽 전역에서 군대가 소집될 것이며, 각국의 꽃 같은 청년 1600만~1800만 명이 최고의 살상 무기로 무장하고 전쟁에 동원되어 서로를 공격할 것입니다. 그러나 분명 이러한 진군 뒤로 마지막 충돌이 아직 남아 있을 겁니다. 우리가 아니라 그들이 자초하는 일이에요. 그들은 상황을 극단으로 몰고 가는 중이며, 이제 우리는 대재앙 속으로 끌려 들어갈 것이며, 그들은 뿌린 대로 거둘 것입니다."「유니우스 팸플릿(The Junius Pamphlet)」에 실렸던 1912년 아우구스트 베벨의 제국의회 연설. Trans. Socialist Publication Society, *The Rosa Luxemburg Reader*, p. 317 인용.

"독일 자본주의는 터키로 기계, 철강, 자동차, 직물을 열심히 수출하며 붕괴하지 않고 있다. 엄밀히 말하자면, **세계 전체에 불을 붙여 이러한 교역의 독점 상태를 한층 더 심화시킬 심산인 것이다.** 〔강조 표시는 원문〕" Luxemburg, *The Accumulation of Capital*.

p. 115

"… 어떻게든 전쟁 발발을 막아내는 것은 노동자계급과 그들을 대표하는 의원들의 의무다. 국제사무국의 통합 활동으로 더욱 힘을 얻었으므로, 가장 효과적이라고 생각되는 수단을 동원해 최선의 노력을 다해야 한다.…"

1907년 8월 24일 슈트르가르트에서 열린 인터내셔널 대회 결의안. J. P. Nettl, *Rosa Luxemburg*, p. 270 인용.

빅토어 아들러는 1912년 11월 바젤에서 열린 국제평화대회에서 이렇게 연설했다. "전쟁이라는 이 범죄에 반대합니다. 해내야만 한다면, 우리가 정말로 전쟁을 막아내야 한다면, 이번 기회를 앞으로 우리가 거머쥘 승리의 주춧돌로 삼읍시다."「유니우스 팸플릿」에 실린 문구. *The Rosa Luxemburg Reader*, p. 318 인용.

"공포, 분노, 울분의 외침이 온 나라를 가득 채울 것이다. 그리하여 결국 민중이 일어나 이 살육에 종지부를 찍지 않겠는가?" 1911년 사회주의자 유권자들을 위한 공식 안내서. 같은 책, p. 318.

"우리는 사람들을 맹목적인 환경의 무력한 도구로 전락시키는 체제에 맞서 온 힘을 다해 싸우고 있다. 평화를 갈구하는 유럽을 포연 가득한 전쟁터로 바꾸려는 이 자본주의에 맞서 우리는 싸울 것이다." 1914년 7월 26일 사민당 논평. 같은 책, p. 319.

p. 116

로자 룩셈부르크는 전쟁을 그냥 용인해야 하느냐는 질문을 던졌다. 군중으로부터 "절대 안 된다!"는 대답이 돌아오자, 그녀는 말을 이어갔다. "그들이 우리더러 프랑스나 다른 나라의 형제들을 죽이라고 한다면, 그들에게 말해줍시다. '안 된다, 절대 안 된다!'" *Rosa Luxemburg Exhibition pdf* 자료, 로자 룩셈부르크 재단 제공.

p. 117

"… 대다수 노동자들이 이 같은 결론에 도달한다면—이러한 의식을 일깨우고 이 같은 결론에 도달하게 하는 것이야말로 사회민주주의의 과업이다—즉, 다수의 사람들이 전쟁은 야만적이고, 반사회적이며, 반동적인 현상이며, 민중의 이익에 완전히 반하는 일이라고 판단한다면, 전쟁은 불가능해질 것이다.…
'당신이라면 도주할 수도 있겠죠. 사민당원은 도주 같은 거 안 합니다. 스스로의 행동을 믿고 지지하며 판사님의 판결을 비웃을 뿐이지요. 이제 제게 형을 선고하십시오.'"
"Militarism, War and the Working Class", *Rosa Luxemburg Exhibition pdf* 자료, 로자 룩셈부르크 재단 제공.

p. 118

"내가 징역형을 피하기 위해 독일을 떠날 거라고 예상하는 동지들이 있다는 얘길 들었는데 나는 그게 섭섭하다기보다는 재미있다. 친구, 자신 있게 말할 수 있는데, 나는 교수형에 처할 상황이라 해도 도망치지 않을 거야. 이유는 단순해. 희생은 사회주의자가 일생 동안 할 일 중 하나고 당연히 해야 할 일이라는 개념에 우리 당이 익숙해질 필요가 있다고 생각하기 때문이야. 당신 말이 맞아. '투쟁이여 영원하라!'" Luxemburg, *Letters*, pp. 329~330.
레오와 로자는 다시 친구 사이로 돌아간다. 이들은 한순간도

함께 일하지 않은 적이 없었다. 심지어 그가 집요하게 그녀를 쫓아다니며 괴롭힐 때도 그 관계는 변함이 없었다. 대신, 로자는 개인적인 대명사를 일절 사용하지 않기 위해 그에게 보내는 편지마다 아주 복잡한 문법을 지어내 쓸 정도였다. 이즈음 레오는 집주인과 연인 관계가 되면서 비로소 많이 진정이 되었다.

"일단, 당신이 보낸 전보가 왔을 때 〔레오 요기헤스가〕여기 와 있었어요. 하지만 본능적으로 당신 얘긴 안하는 게 좋겠다 싶어서 그가 나중에 담당 변호사에 대해 만족하느냐고 내게 물었을 때 대답에 말을 아꼈지." Luxemburg, *Letters*, p. 330.
파울 리바이는 바람둥이에 가까운 사람이었다.

"그는 결혼을 한 번도 하지 않은 채 총각으로 자유롭게 사는 것을 즐겼다. 그의 장례식에는 좌파 언론인들과 작가들과 나란히 털옷을 걸친 젊은 여성들이 서 있었는데, 그중에 적어도 한 명 이상은 미망인 상복을 입을 수도 있었을 사람이었다." David Fernbach, "Rosa Luxemburg's Political Heir: An Appreciation of Paul Levi", *New Left Review*, 제238호, 1999년 11~12월호에 인용된 Gruber, *International Communism*, pp. 391~392 〔2013년 12월 온라인 접속 확인〕.

p. 119

"룩셈부르크는 에둘러 말하지 않았다. 훈련과 신고식은 '고문'이었고, 군대 내에서 '비인도적 행위'가 만연했음을 분명히 밝혔다."
Henning Grunwald, "The Rosa Luxemburg Trials of 1914 and the Emergence of the Ideal Type of the Weimar Party Lawyer: Courtroom to Revolutionary Stage Performance", *Oxford Scholarship Online*, January 2013, p. 1.

"자기야, 이거 대단하지 않아? 장교단과 하사관에 대한 모독이라며 폰 팔켄하인 전쟁장관이 고소했어. 3월 7일 프라이부르크 집회에서 내가 병사들 학대에 대한 고소를 제안하고 '조국의 수호자들'이 형편없는 대우를 받고 있다고 말한 것 때문이래." 룩셈부르크가 리바이에게 보낸 편지. Fernbach, "An Appreciation of Paul Levi" 인용.

p. 120

"이러한 전략의 기저에는 독일 명예훼손법의 '주장 입증' 변론이 있었다. '진실 입증(Wahrheitsbeweis)'의 조건하에서 룩셈부르크는 자신이 군대를 모욕한 것이 맞으나 실제로 그녀의 주장이 진실임을 인정함으로써 혐의에 맞설 수 있었다. 이처럼 공격적인 법적 대응 전략의 실제 목표는 증인석에 학대

받은 신병 수백 명을 세움으로써 파울 리바이의 말대로 "전쟁 장관을 곤란하게 만드는 것"이었을 수 있다. 효과가 있었지만 대신 그만한 대가를 치러야 했다. 리바이의 전략은 피고가 무죄선고 주장보다도 재판의 프로파간다적 이용을 더 우선시할 태세인 경우에만 효과가 있는 것이었다. 룩셈부르크가 변론에서 군의 잔학성에 대한 주장을 공격적으로 반복할수록 법정에서 그녀에게 유리한 쪽으로 정상참작이 이루어질 가능성은 낮아질 수밖에 없었고 그녀 역시 이를 잘 알고 있었다." Grunwald, "The Rosa Luxemburg Trials of 1914", p. 2.
"그 정도 대규모 집회라도 동원해야 우리는 그 비겁한 전쟁장관과 맞붙을 수 있습니다. 그래야 장관도 태도를 바꿔서 우리를 상대해 줄 겁니다. 서면으로 법원에다 기록을 주구장창 제출해 봤자 종이 낭비일 뿐이에요. … 집회를 조직하여 장관이 원하는 대로 흘러가는 걸 막을 겁니다. 그는 군의 학대 문제를 질질 끌어서 결국 흐지부지 잊게 만들고 싶어 하지만 우리는 이 문젤 공론화시킬 겁니다. 이런 면에서도 그가 법정에서 '승리'하는 것[재판 절차의 지연 의미]이 그에게 사실상 아무런 소용이 없으며, 오히려 이 경우 법정을 우회함으로써 우리가 자료를 대중에게 공개 제시하게 된다는 사실을 전쟁장관에게 입증해 보여야 합니다. … 어떠한 처벌이든, 특히나 혹독한 처벌로 인한 프로파간다 효과는 진짜 엄청날 겁니다."
리바이가 재판 절차를 대규모 집회를 위한 자료로 활용하는 것에 대해 비판한 휴고 하이네만의 공식 보고서에 대해 파울 리바이가 작성한 답변. 같은 책, p. 12. (휴고 하이네만의 사진을 찾을 수 없었다. 본문 그림의 인물은 실은 볼프강 하이네로, 리바이의 방식에 대해 공개적으로 비판했던 사민당 소속 변호사다.)

p. 121
가브릴로의 샌드위치 이야기는 유명한 역사적 도시괴담이 되었다. 이와 관련된 종합적인 폭로는 「과거 미완료: 가브릴로 프린치프의 샌드위치」 참조. 〈https://blogs.smithsonian mag.com/history/2011/09/gavrilo-princips-sandwich〉 〔2013년 12월 접속 확인〕.

p. 122
"1차로 요청된 증인 106명은 '표본'이었고" 이들은 총 3만 건의 학대 사례를 증언해 주었으며 가혹 행위 '50만 건' 기록은 거든했다. "신병 대상의 가혹 행위에 대해 처음으로 부르주아 법정의 괴물 재판에서 철저한 조사가 이루어졌다. 〔…〕 인간 존엄을 위한 투쟁에서 사회민주주의를 자진 출두시킨 유례 없는 경우였을 것이다." Grunwald, "The Rosa Luxemburg Trials of 1914", p. 18.

여기서 전쟁장관으로 언급되는 인물은 에리히 폰 팔켄하인이다. 122페이지의 그림은 에리히 루덴도르프의 모습이기는 하나, 사실 이런 자리의 참모총장들은 죄다 똑같이 생겼다. 정말로.

p. 123
극적인 효과를 위해 지어낸 허구다. 실제로는 이 소식을 접할 당시 로자는 집에 있었다. 물론, 이 상황을 믿으려 들지 않았지만 말이다.
"기존 방침을 깨고, 1914년 8월 4일 독일 의회에서 사민당 대변인은 이렇게 선언했다. '위급할 때 우리는 조국의 편에 서야 합니다.'"
Icaus, "The Wilhelmshaven Revolt", ed. & trans. Gabriel Kuhn, *All Power to the Councils! A Documentary History of the German Revolution of 1918-1919* (PM press, 2012), p. 6.

p. 124
"로자 룩셈부르크는 다른 의원들보다 늦게 도착했다. 로자의 얼굴은 창백했고 엄청난 심리적 동요를 다스리느라 애쓰는 모습이 역력했다. 국제사무국 일원들이 앉아 있는 연단에 올라선 그녀는 한참 말을 잇지 못하고 선 채 말없이 군중을 바라보았다. 그러고는 두 손에 얼굴을 파묻고 풀썩 주저앉았다. 사무국원들이 두 번이나 다가서서 강압적인 말투로 말을 건넸지만 로자는 고개를 세차게 저으며 한마디만 내뱉을 뿐이었다. '못 합니다!' … 군중이 끊임없이 로자를 에워쌌지만 그녀는 그 자리에 그대로 앉아 미동도 없이 생각에 잠겼고, 얼굴에는 깊은 슬픔이 어려 있었다." Paul Frölich, *Rosa Luxemburg: Ideas in Action*, p. 202.

p. 125
"인터내셔널은 전쟁에서는 효과적인 무기가 아니다. 평화의 도구일 뿐이다. 한마디로, 두 가지 의미에서의 평화다. 평화를 위한 투쟁이자 평화 시의 계급투쟁이라는 뜻이다!"
카우츠키의 『노이에차이트』 1914년 10월 기고문. 같은 책, p. 207.
"카우츠키의 견해에 따르면 『공산당선언』의 세계사적 호소는 상당한 수정을 거칠 수밖에 없었으며 결과적으로 그 내용은 이렇게 됐다. '만국의 프롤레타리아트계급은 평화 시에는 단결하지만 전쟁 시에는 서로의 목을 벤다!' 그러니 오늘은 '총알 한 발에 러시아인 하나씩, 일격에 프랑스인 하나씩!'이라고 하고는, 평화조약을 맺고 난 내일은 '당신들 백만 명 모두 포옹합시다. 그리고 전 세계에 입 맞춥시다!'라는 것이다." 룩셈부르크의 글. 같은 책, p. 211 인용.

실제로 한스가 떠난 것은 8월이었고, 이는 카우츠키가 『노이에차이트』에 글을 기고하기 몇 달 전이다.

"… 1914년 8월 2일, 우리 집 발코니에서 작별을 하는데, 한스는 마치 아이처럼 두 눈에 눈물이 그렁그렁해서는 우겨댔어. 전쟁터에 가고 싶지도 않고 갈 수도 없다고. 못 돌아올 것 같은 느낌이라기에 난 아이 달래듯 그를 진정시켜야만 했어.… 그 뒤로 난 H[한스]를 한 번 더 보았지.…" Luxemburg, *Letters*, p. 445.

p. 126

"수데쿰 박사와 리처드 피셔 동지들이 자신들만의 견지에서 현재 전쟁 상황 중 독일 사회민주주의의 입장을 당 기관지를 통해 해외에 피력하려는 시도를 계속해 오고 있다. 때문에 우리는 해외의 동지들에게 우리, 그리고 독일 내 수많은 다른 사회민주주의자들은 전쟁과 그 기원, 성격, 그리고 현재 상황에서 사회민주주의의 역할을 전혀 다른 관점에서 보고 있으며, 수데쿰과 피셔와는 견해가 일치하지 않음을 분명히 알릴 필요가 있음을 깨달았다. 현재 계엄 때문에 우리 견해를 공개적으로 더 자세히 밝히기는 어렵다.

서명─카를 리프크네히트, 프란츠 메링 박사, 로자 룩셈부르크 박사, 클라라 체트킨."

J. P. Nettl, *Rosa Luxemburg*, p. 372.

"카를이 체포되던 순간부터─아침 8시 30분이었는데 포츠다머 광장에서 우린 군중과 함께 걷고 있었어─난 시간이 별로 없었어. 그가 어디서 붙잡힌 건지 확인한 뒤 사람들을 헤치고 그에게 가야 했으니까. 정말로 난 주먹을 힘껏 쥔 채 그를 '풀어내려' 애를 쓰며 그와 경찰들을 잡아당겼어. 경찰서까지 가는 내내 그랬는데 경찰서에서 난 인정사정없이 쫓겨나고 말았어." Luxemburg, *Letters*, p. 359.

p. 127

전쟁 중에 로자 룩셈부르크는 두 번 투옥됐다. 1915년에는 117페이지의 재판에서 선고받은 징역형을 살았는데, 1916년 초 석방 때 교도소 정문에서 여성 노동자 수천 명의 환영을 받았다. 그 후 1916년 7월 10일 '군 보호감호'를 받게 되었다. 처음에는 베를린 알렉산더 광장의 경찰 교도소에 수감됐다가 7월 21일에 바르님 스트리트의 베를린 여성교도소로 이감되었다. 1916년 10월 26일부터 1917년 7월 22일까지 포츠난 지역의 브롱키 교도소에서 복역하는 동안, 이 책에 언급된 대로 작은 정원을 가졌다. 그 뒤 브레슬라우 교도소로 이감됐고, 1918년 11월 8일 독일혁명으로 마침내 풀려났다.

"한셴, 알렉산더 광장이 어딘지 알아요? 내가 머리가 센 채로

한 달반쯤 지냈던 곳인데 거기서 어쩌나 신경이 망가졌는지 영영 회복이 안 될 거예요." 같은 책, p. 424.

이는 마틸데 야코프로, 앞서 61페이지에 나왔던 마틸데 뷔름과는 다른 인물이다. (룩셈부르크가 알고 지냈던 모든 이들을 책 속에 포함시키기는 어렵다.) 야코프는 전쟁 중에 룩셈부르크에게 핵심적인 역할을 했다. 속기계를 이용해 룩셈부르크의 팸플릿 인쇄를 도왔기 때문이다. 둘은 절친한 친구였고, 야코프는 정기적으로 교도소 면회를 가 로자의 수기 원고를 몰래 반출하여 인쇄와 배포에 동참했다. 사회주의에 대한 야코프의 기여가 계속 평가절하되어 온 경향이 있다.

"약 10분 뒤 그녀가 문장을 채 끝맺기도 전에 정보원이 위협적인 몸짓으로 불쑥 끼어들며 하사관 같은 말투로 우리를 향해 큰 소리로 외쳤다. '면회시간 끝났소.'

… 로자가 조용히 말했다. '안 돼요. 나에게 중요한 문제를 의논해야 해요. 대화를 이어서 마무리해야 한다고요. 그때까지만 좀 기다려줘요.'… 그가 빈정대며 대꾸했다. '여기서 당신은 얌전히 행동하고 시키는 대로 해야 해.' 그러자 로자가 이성을 잃고 소리를 질렀다. '더러운 끄나풀 주제에!' 그런 말을 기다리기라도 했다는 듯 그는 즉각 감독관에게 알렸다. '들으셨죠. 모욕을 당했습니다.' 로자 룩셈부르크는 이렇게 말했다. '맞습니다. 그런데 그럴 만했으니까요.' 그는 파렴치한 모욕을 이어갔고, 화가 난 로자는 받아두었던 초콜릿 바를 구석으로 집어던졌다.… 그러다 급기야 격분하며 내뱉었다. '더러운 끄나풀에게 더 나은 행동을 바라는 게 잘못이지.'"

M. Jacob, *Rosa Luxemburg: an Intimate Portrait*, pp. 54~55.

"피고는 언행으로 치안관을 모욕했으므로 유죄야. 1916년 9월 22일 베를린 중심부에서 치안관에게 '이 닳고 닳은 경찰 끄나풀에 돼지 같으니라고. 썩 꺼져버려'라고 소리를 지르며 잉크병을 집어던졌지.… 피고는 베를린 여성 교도소에서 보호감호 중이었어. 그날 피고와 마틸데 야코프가 대화를 나누는 동안 문제의 그 치안관이 감시인 자격으로 그 자리에 있었어. 10분이 지나자 그는 대화가 끝났다고 했고, 피고는 위에서 언급했듯 구두로 모욕했음을 인정했어. 경찰관에게 물건을 던진 적은 없다고 주장하고 있지." Luxemburg, *Letters*, p. 655.

pp. 130~131

"장면은 완전히 전환됐다. 6주에 걸친 파리로 향한 행진은 세계를 무대로 한 드라마가 되었다. 대량학살은 익숙하고 단조로운 일이 되었는데도, 최종 해결은 여전히 요원하다. 자본주의의 지배는 자기 덫에 걸려버렸고, 자기가 소환해 낸 정신을 더는 막지 못한다.

처음의 광기 어린 망상은 이미 지나가고 없다. 애국자들의 가두시위도, 수상쩍은 차량들의 추격전도, 거짓 전보도, 콜레라로 오염된 우물도 모두 가고 없다. 베를린의 다리들에서 폭탄을 던졌던 러시아 학생들이나 뉘른베르크 상공을 낮게 날던 프랑스 비행기들 같은 미친 이야기들도, 스파이를 잡겠다고 너도나도 혈안이 돼 있던 서민들, 노래하는 군중, 애국심에 호소하는 노래를 틀어대던 커피숍도 가고 없다. 틈만 나면 여성을 폄훼하거나 괴롭히고 온갖 유언비어에 미쳐 날뛰며 스스로를 그 안에 몰아넣던 난폭한 무리들도 모두 가고 없다. 제의적 살해의 분위기도, 인간 존엄의 마지막 대표로서 경찰을 길모퉁이에 세워두던 키시네프의 공기도 이제 사라지고 없다.

쇼는 끝났다. 예비군들을 가득 실은 열차가 열정 넘치는 아가씨들의 환호 속에 출발할 때 그 위로 이미 막은 내려졌다. 전쟁에 미친 군중을 향해 차창 너머로 밝게 웃는 그 얼굴들을 우리는 더 이상 볼 수 없다. 그들은 어깨에 자루를 멘 채 말없이 거리를 가로질러 걷고, 찌든 표정의 민중은 일상을 지속할 뿐이다.

흐릿한 햇살 속 공기 중엔 환멸이 감돌고 낯선 합창소리가 울려 퍼진다. 전쟁터의 매와 하이에나가 목이 쉬도록 울어댄다. 막사 1만여 개에는 규정대로라면 (물품 인도 즉시 현금을 지급해 구입하는) 베이컨, 코코아 파우더, 커피 대용품 따위가 10만 킬로그램은 보장된다. 유산탄, 훈련, 탄약 가방, 전쟁 과부들을 위한 결혼상담소, 가죽 벨트, 전쟁 명령 같은 중요한 문제들만 다뤄진다. 그리고 8월과 9월에 열차에 실린 총알받이가 보주 산맥과 벨기에의 전쟁터에서 썩어가는 동안, 죽은 자의 땅에서는 이윤이 잡초처럼 무성하게 돋아나고 있었다. 사업은 폐허 위에서 번창하는 중이다. 도시는 도살장으로 변했고, 나라마다 사막이 되었으며, 마을들은 공동묘지로, 온 나라가 거지 소굴로, 교회는 마구간으로 변했다. 민중의 권리, 조약, 동맹, 최고의 진리, 최고의 권위 따위는 모두 휴지 조각이 되어버렸으며, 그나마 신의 은총으로 군주들마다 불충하고 가엾은 인간이라고 사방에서 손가락질을 당하고 있다. 외교사절은 적국의 동료를 흉악범이라 부르고, 각국 정부는 타국 정부를 그저 세상을 모독하는 민중의 악령이라 여긴다. 베네치아, 리스본, 모스크바, 싱가포르에서 기아가 반란을 일으키고, 러시아에서는 역병이, 곳곳에서는 고통과 절망이 고개를 든다.

치욕과 불명예를 뒤집어쓴 채 핏물을 철벅거리며 오물에 흠뻑 젖은 모습으로 자본주의사회가 서 있다. 흔히 생각하듯 평화와 정의, 질서, 철학, 윤리의 역할을 담당하기는커녕 날숨마다 역병의 기운을 내뿜으며 난장판을 만들고 울부짖는 한 마리 짐승처럼 문화와 인류를 파괴하고 있다. 자본주의는 그

렇게 흉측하게 벌거벗은 모습을 드러낸다." 로자 룩셈부르크의 「유니우스 팸플릿: 독일 사회민주주의의 위기」 서론. *The Rosa Luxemburg Reader*, pp. 312~313.

p. 132~133

"한센, 자요? 난 지금 당신 귀를 간질거릴 만한 길다란 지푸라기를 들고 있는데.

누가 옆에 있었으면 좋겠어, 슬퍼. 내 속을 다 털어놓고 싶어요. 최근 며칠간 나는 계속 화가 나서 불행하고 몸까지 아팠어요. 아니, 그 반대였나? 몸이 아파서 불행하고 그래서 화가 났던 건가? 이젠 나도 모르겠어. 지금은 괜찮아졌고, 맹세컨대 앞으로 두 번 다시는 내 안의 악마에게 귀 기울이지 않을 거야. 내가 가끔 불행하다고 느끼는 건 내 나름대로 삶과 행복을 의미한다고 생각하는 이야기들을 멀리서라도 꼭 보고 들어야 직성이 풀리기 때문이라고 당신이 날 좀 혼내줄래요? 그래, 계속 날 혼내주면 앞으론 그저 인내하고 평온하며 감사할게. 맙소사, 햇살이 날 비추고 새들은 아주 오래된 노래를 부르는데도 감사하고 즐거워할 이유가 아직도 더 필요하다니.…

내가 정신을 차리게 가장 많이 도와준 건 자그마한 친구였어. 그 모습은 여기 그려 보낼게. 이 동지 녀석은 쾌활한 부리와 볼록 튀어나온 이마, 그리고 모든 걸 알고 있는 듯한 눈을 가졌어. 히폴레이스 히폴레이스인데, 보통은 나무새나 정원의 흉내쟁이라고도 불러. 어디선가 녀석이 지저귀는 소릴 당신도 아마 들어본 적 있을 거야. 정원이나 공원 곳곳의 덤불에 둥지를 틀곤 하니까. 그저 당신이 귀 기울인 적 없었던 거지. 사람들은 살면서 가장 사랑스러운 것들을 보지 못한 채 대부분 그냥 지나쳐버리거든.

이 녀석은 좀 괴짜야. 다른 새들과는 달리 한 가지 노래나 한 가지 곡조만 부르는 게 아니거든. 신의 은총을 입은 연설가라서 장황하게 말을 늘어놓으며 정원을 향해 연설을 하는데, 우렁찬 목소리는 극도의 흥분과 비약적 전개, 군데군데 고조된 비장함으로 가득 차 있어. 말도 안 되는 질문을 던지고는 곧바로 엉뚱하게 직접 대답을 하기도 해. 가장 대담한 주장을 하기도 하고, 아무도 내놓은 적 없는 의견에 열띤 반박을 하기도 하고, 활짝 열린 문 사이로 풀쩍 뛰어 들어와서는 갑자기 의기양양하게 이렇게 외치기도 하지. '내가 그랬지? 내가 그랬지?' 그러고는 또 금세 점잖게 경고를 해. 남이 듣든지 말든지 상관없이 말야. '두고봐! 두고봐!' (재치있는 말은 꼭 두 번씩 되풀이하는 영리한 습관이 있지.) 꼬리를 잡힌 생쥐처럼 갑자기 찍찍댈 때나 사악하게 들리지만 그 조그만 목구멍을 생각하면 믿을 수 없을 만큼 우스꽝스럽게 갑자기 웃음을 터뜨릴 때가 있는데 특히 아무 의미도 없는 상황이야. 한

207

마디로, 이 녀석은 지치는 법도 없이 계속 정원을 완벽한 난 센스로 가득 채우는 거야. 이 녀석이 연설을 하는 동안 정적이 흐를 때면, 심지어 다른 새들은 서로 눈빛을 주고받으며 어깨를 으쓱거리기까지 한다니까. 하지만 난 어깨를 으쓱거리지 않지. 어깨를 으쓱이지 않는 건 나 하나밖에 없어. 난 그 대신 매번 즐겁게 웃으며 큰 소리로 녀석에게 말해. '귀여운 멍청이!' 눈치챘겠지만, 녀석의 바보 같은 재잘거림이 실은 가장 심오한 지혜이며 어느 모로 보나 그가 옳다는 걸 난 잘 알아." Luxemburg, *Letters*, p. 426.

아마도 휘파람새를 묘사한 것으로 생각된다. 이 새의 연설 능력을 직접 들어보는 기쁨은 다음 링크에서 누릴 수 있다. https://www.xeno-canto.org.

p. 134~136

"한셴, 오늘은 하늘이 얼마나 푸르렀는지 아마 모를 거예요! 아니면 당신이 있는 리사도 이만큼 하늘이 푸르렀을까? 보통 저녁 투옥 시간 전에 나는 또 30분쯤 내가 돌보는 작은 화단(팬지, 물망초, 패랭이꽃을 내가 직접 심었어)으로 바람을 쐬러 나가요. 작은 깡통으로 꽃에 물도 주고 정원 주변을 몇 걸음 더 걷기도 해. 해질녘은 그 자체로 마법 같은 시간이야. 아직 뜨거운 태양이, 기꺼이 그 비스듬한 햇살로 목덜미와 두 뺨을 데워주니까, 마치 입맞춤처럼. 대기의 부드러운 숨결은 서늘한 저녁이 곧 올 거라 약속하듯 속삭이며 덤불을 살살 흔들고, 낮의 열기를 뿜어내지. 푸른빛이 일렁이며 어른대는 하늘에는 높다랗게 솟은 흰 구름이 까마득히 피어올라 있는데, 아주 희미한 반달이 마치 꿈결처럼 그 사이로 헤엄을 쳤어. 벌써 떼 지어 저녁 비행을 시작한 제비들은 끝이 뾰족하고 날렵한 날개로 푸른 실크 같은 창공을 마치 조각조각 자르기라도 하듯 힘차게 날아다녔지. 날카롭게 소리 내며 서로 앞서거니 뒤서거니 하면서 아찔하게 높은 곳으로 멀어져갔어. 물이 떨어지는 작은 깡통을 손에 든 채로 서서 고개를 뒤로 젖혀보았어. 희미하게 빛나는 그 물기 어린 푸르름 속으로 어찌나 뛰어들고 싶던지. 그 속에 몸을 풍덩 담그고, 첨벙거리다, 이슬처럼 완전히 녹아들어, 마침내 사라지고 싶었지.…" Luxemburg, *Letters*, p. 425.

p. 137

"나를 아프게 하는 게 딱 하나 있어. 이 많은 아름다움을 오롯이 나 혼자 누려서는 안 되는데, 하는 생각. 벽 너머까지 들리도록 크게 외치고 싶어. 오 부디, 이 아름다운 날을 놓치지 마세요! 아무리 분주해도 잊지 말아요. 그날그날의 급박한 일들 때문에 바삐 앞뜰을 가로지르더라도 잠깐이라도 고개를 들어 거대한 은빛 구름들과 그 구름들이 헤엄쳐 다니는 고요한

푸른 바다를 잊지 말고 올려다봐요. 린덴 꽃이 마지막으로 뜨겁게 내뿜는 숨결로 묵직한 공기도 느껴보고, 이날 위에 가로질러 누운 눈부신 찬란함을 만끽해야 해요. 오늘은 절대 다시 오지 않으니까! 오늘은 당신에게 주어진 선물이에요. 당신이 들어 올려 입술에 갖다대길 기다리고 있는, 당신의 발 앞에 활짝 핀 장미 한 송이와도 같죠." Luxemburg, *Letters*, p. 429.

p. 138

"나는 늘 준비가 돼 있고 기회만 오면 곧바로 세계사라는 피아노 건반을 열 손가락으로 힘껏 쳐댈 거야. 제대로 소리가 나도록 말야. 그런데 어쩌다 보니 지금 난 세계사에서 물러나 '휴가 중'이네. 그것도 난 아무 잘못도 한 게 없는데, 외부의 압력 때문에. 그러니 난 조용히 웃으며 만물이 나 없이도 전진하고 있다는 것에 기뻐하는 수밖에." Luxemburg, *Letters*, p. 392.

p. 140

"시그프리드 서순 중위.
제3대대: 로열 웰시 푸실리어 연대
1917년 7월.
나는 군 당국에 대한 의도적 저항 행위로서 이 성명서를 작성하고 있습니다. 전쟁을 끝낼 만한 힘을 가진 자들에 의해 전쟁이 고의적으로 연장되고 있다고 나는 믿어 의심치 않기 때문입니다. 나는 군인이며, 군인들을 대표하여 행동하고 있다고 확신합니다. 방어와 해방을 위해 시작했던 전쟁이 이제 공격과 정복을 위한 전쟁이 되었다는 생각이 듭니다. 나와 내 전우들이 이 전쟁에 뛰어들었던 목적은 변경이 불가능할 만큼 애초부터 매우 명백한 것이었으며, 이 상황에서라면 우리를 움직였던 그 목표는 이제 협상을 통해 달성이 가능할 것이라고 믿습니다.

나는 지금껏 군인들의 고통을 지켜보며 견뎌왔고, 악이자 불의라 믿어 의심치 않는 목적을 위해 이러한 고통이 연장되는 것에 더 이상 동조할 수가 없습니다. 나는 지금 전쟁 행위에 반대하고 있는 것이 아니라, 정치적 오류와 불성실에 반대하고 있는 것입니다. 그로 인해 전우들이 희생되고 있기 때문입니다.

지금도 고통을 당하고 있는 그들을 대신해, 그들을 대상으로 이루어지는 기만에 맞서 항거하는 것입니다. 또한 무감각하고 안일한 분위기를 깨는 데도 도움이 되리라 생각합니다. 집에 있는 대다수의 사람들은 극도의 고통이 지속되는 것에 대해 공감하지도, 현실적으로 상상조차 못하고 있습니다."
프린츠레겐트 루이트폴트에서 처형당한 해군은 알빈 쾨비스다.

p. 142

"방금 브레슬라우로부터 온 무서운 검은 편지봉투를 받았습니다. 봉투의 글씨와 소인을 본 순간 이미 제 손과 심장이 떨려오기 시작했지만, 최악의 소식은 아니기를 계속 빌었어요." 아들을 잃은 마리와 아돌프 게크를 위로하는 편지. Luxemburg, *Letters*, p. 478.

"나는 아직도 깊은 충격에서 헤어 나오지 못하고 있어요. 어떻게 이런 일이 있을 수 있죠? 문장 중간에서 갑자기 끝나버린 단어 같아요. 갑자기 끊긴 화음 같기도 해요. 나는 아직도 듣고 있는데 말이죠.

전쟁이 끝나면 우린 평생 함께할 계획이 천 개는 있었어요. '인생을 만끽'하고, 여행을 다니며, 좋은 책을 읽고, 지금껏 못해봤으니 다가오는 봄을 경이로운 눈으로 맞아보고 싶었죠.… 그런데 어떻게 이해해야 하죠? 이런 일이 있을 수 있다는 걸? 이제 막 피어난 꽃이 무참히 찢겨져 짓밟혔어요." Luxemburg, *Letters*, pp. 441~442.

"감히 생각조차 못 하겠어요. 안 그러면 견딜 수 없으니까. 난 그가 아직 여기 있다고 꿈꾸며 살아요. 생전의 모습으로 내 앞에 있는 그를 상상하며, 내 온갖 생각을 그와 함께 나누죠. 내 안에서 그는 계속 살아 숨 쉬고 있어요.

어제는 10월 21일에 그에게 써 보냈던 편지가 되돌아왔어요. 벌써 두 번째예요. 편지가 그에게 가닿질 않네요." Luxemburg, *Letters*, p. 451.

p. 143

"오, 소니치카, 그동안 난 여기서 몸서리쳐지게 고통스러운 일을 겪어왔어요. 산책하는 앞뜰에 종종 군용 배급 짐마차들이 들어오곤 해요. 배낭이며 낡은 군복 셔츠나 외투가 가득 실려 있는데 대부분 핏자국이 남아 있죠.… 감방마다 나눠주어 이리저리 깁고 손질시킨 다음 차에 싣고 다시 군대로 보내는 거예요. 얼마 전엔 말들 대신 물소들이 짐마차를 끌고 왔더군요. 물소를 그렇게 가까이서 본 건 처음이었어요. 우리가 보던 소보다 힘도 세고 덩치도 크죠. 평평한 머리에 날렵한 곡선으로 뒤로 뻗은 뿔이 한 쌍 달려 있는데 머리 모양은 양과도 비슷해요. 온통 새까만 데다 크고 순한 검은 눈을 가졌어요. 루마니아에서 전리품으로 데려온 녀석들이었어요.… 이 짐마차 운전석에 앉은 병사들이 이야기해 준 건데, 이 야생 동물들을 포획하는 것도 보통 일이 아니었던 데다 수레 끄는 일을 시키는 건 훨씬 더 힘들었대요. 녀석들은 자유에 익숙했으니까요. 그들은 전쟁에서 진 쪽이고 '비참함은 패자의 몫〔vae victis〕'이라는 개념을 주입시키기 위해 혹독하게 매질을 했다더군요.… 브레슬라우에만도 이런 물소들이 백 마리는 있대요. 게다가 루마니아 초원에 살던 이들에게 얼마 되지도

않는 비참한 수준의 사료를 줘요. 무자비하게 착취당하고 엄청난 양의 온갖 짐을 끌어야 하다 보니 도중에 일찍 죽고 말아요. 며칠 전에는 그런 짐마차가 앞뜰에 또 들어왔어요. 하도 높다랗게 짐이 실려 있어서 물소들이 교도소 문턱을 넘질 못했어요. 짐마차에 타고 있던 잔인한 군인이 들고 있던 채찍 손잡이의 뭉툭한 끝으로 가차 없이 매를 때리기 시작하니 근무를 서고 있던 교도소 직원이 화를 내며 물었어요. 짐승이라고 불쌍하지도 않은 거냐고요. 그러자 그 군인은 '우리 인간도 불쌍히 여기는 사람이 없는뎁쇼'라며 사악한 미소를 띠며 대답하더니 다시 매질을 시작했어요. 아까보다 더 세게 말이죠.…"

pp. 144~145

"물소들은 마침내 짐마차를 다시 끌고 문턱을 넘긴 했는데, 한 마리는 피를 흘리고 있었어요.… 소니치카, 물소 가죽은 튼튼하고 두껍기로 유명한데, 그 단단한 피부에 상처가 난 거죠. 짐을 내리는 동안 물소들은 모두 그대로 서 있었어요. 아무 소리도 내지 않고 지친 모습으로요. 그리고 피를 흘리던 그 녀석은 눈앞의 허공을 그저 물끄러미 바라만 보고 있는데 그 검은 얼굴과 순하고 검은 눈이 마치 학대받은 어린아이 같은 표정이었어요. 매를 맞았는데 이유도 근거도 알 수 없고 이 고통과 거침없는 폭력으로부터 벗어날 길도 알지 못하는 바로 그런 표정이었죠.… 내가 그 앞에 서자 녀석도 나를 바라봤어요. 내 눈에서 눈물이 흘러내렸어요. 그건 녀석의 눈물이었죠. 사랑하는 형제 대신 느끼는 고통으로 몸이 얼어붙는다 한들 이 말없는 짐승의 고통에서 내가 느끼는 무력감보다 더하진 않았을 거예요. 루마니아의 그 아름답고 자유롭고 보드랍고 푸르른 초원은 이제 얼마나 멀어져 버렸으며 얼마나 돌이킬 수 없이 잃어버리고 만 것일까! 그곳에서 빛나던 태양과 불어오던 바람은 얼마나 달랐으며, 그곳에서 듣던 새들의 사랑스러운 노랫소리며 목동들의 감미로운 목소리는 또 얼마나 달랐을까. 그리고 여기, 이 낯설고 추악한 도시, 음울한 축사, 구역질나는 것들, 썩은 지푸라기들이 섞인 더러운 건초더미, 기이하고 두려운 인간들, — 온통 구타와 상처에서 흐르는 피.… 아, 이 가엾은 물소, 내 가엾은 사랑하는 형제! 우린 둘 다 할 말도 잃은 채 무력하게 여기 서 있고, 똑같은 통증과 무기력과 그리움을 느끼고 있었어요. 죄수들은 내내 짐마차 주변에서 무거운 배낭을 끌어내려 건물 안으로 끌고 가느라 동분서주했어요. 그런데도 그 군인은 바지주머니에 양손을 찔러 넣은 채 휘적휘적 앞뜰을 걸어 다니며 웃음까지 띤 얼굴로 혼자 유행가를 휘파람으로 불고 있었죠. 전쟁이라는 이 놀라운 파노라마 전체가 그렇게 내 눈앞을 스쳐갔어요." Luxemburg, *Letters*, p. 456~458.

p. 146

그뤼녀는 사실 전쟁 중이던 이 당시 중위가 아니라 소장이었으며, 루덴도르프의 부사령관이었다.

"8월 8일 이후로 루덴도르프는 매우 신경이 날카로워져 있었다.… 어쩌나 자신감이 넘치던지… 패배는 물론이고 실수도 인정하지 않은 채… 전방의 진지를 고수하고자 했다. 그 결과 독일 전선이 무너질 위험이 극도로 높아졌다.…"

"9월 29일 그는 '군 상황상 대참사를 피하려면 즉각적 휴전이 필요하다'는 발언으로 당국을 놀라게 했다.…"

〔주의: 제국의회에서 이 발언을 한 것은 참모 장교였고, 루덴도르프가 분명 빌헬름 황제에게도 동일한 정보를 전달했을 것으로 추정된다.〕

〔루덴도르프는〕 패전의 책임을 민주 정당들에게 지웠다. '그들에게 평화조약을 체결하라고 하시죠. 이제 그래야 할 것 같습니다'라는 권유에 빌헬름 2세도 동의했다."

Hajo Holborn, *A History of Modern Germany: 1840-1945*, Volume 3 (Princeton University Press, 1982), pp. 502~503.

p. 147

"해군들은 '조국의 영광'에 관해 나름의 독자적인 견해를 가지고 있었다. 마주치면 서로 '리프크네히트여, 영원하라'라는 말로 인사를 대신했다.… 운영위원회에서는 이런 메시지를 돌렸다. '어두워지면 신병 묘지에서 비밀리 접선이다. 부대별로 대표들을 보낼 것.'

비밀 조직의 규칙에 따라 대표단은 접선 장소에 혼자 또는 최대 2인으로 짝을 지어 이동해야 했고, 주의를 끌지 않기 위해 적정 거리를 유지해야 했다. 접선이 성사된 것을 보면 운영위원회의 소집에 대한 응답이 얼마나 대대적이었는지 알수 있었다. 접선 장소는 수병들이 엄호했다. 참석한 이들은 풀숲 사이에 서거나 무릎을 꿇거나 앉았고, 논의나 발언을 할 시간적 여유는 없었다. 항만과 강가에 정박한 배들의 이름을 점호하면 모습이 거의 보이지도 않는 대표들이 어둠 속에서 '네' 하고 즉각 대답했다.

동지 한 명은 짤막하지만 단호한 목소리로 이렇게 말했다. '때가 됐습니다. 지금이 아니면 끝입니다. 신중하면서도 단호하게 움직이십시오. 장교들과 주변인들을 붙잡은 다음 신호를 보내는 곳부터 점령합니다. 일단 군함을 접수하고 나면 큰 돛대의 망루에 붉은 깃발을 다십시오. 새날의 붉은 새벽을 맞으러 갑시다!'

Icarus, "The Wilhemshaven Revolt", ed. & trans. Gabriel Kuhn, *All Power to the Councils!*, p. 9.

pp. 148~149

"일요일 아침, 수병 수천 명이 군함을 떠났다. 수병들과 노동자들의 쓰라린 감정은 엄청난 것이어서 일촉즉발의 분위기였다.

사령부는 준비가 된 모습이었다. 군인들이 나팔을 들고 킬 거리를 순찰하고 다니며 경보음을 내며 모든 수병들에게 복귀를 요구했다. 그러나 아무도 요구에 응하지 않았다. 심지어 우리는 사령부의 전령을 우리의 필요에 따라 활용하기까지 했다. 즉각 뒤를 따라가 우리 모임에 동참하도록 독려한 것이다. 많은 이들이 동참했고, 엄청난 수의 평범한 시민들도 함께했다.…

카이저 카페 앞에서 우리는 갑자기 총탄 세례를 받았다. 시위가 잠시 중단됐다. 아무도 총탄에 맞지 않았음을 확인한 우리는 계속 전진했다. 그 뒤 저격수들은 우리 시위대를 향해 조준 발포했다. 40~50명의 시위대가 총격에 쓰러졌고, 그 가운데는 여성들과 어린이들도 섞여 있었다. 8명이 사망하고 29명이 중상을 입었다.…

분노에 휩싸인 군중이 저항하며 비명을 질렀다. 슈타인하우저 중위의 명령을 받은 그 살인자들은 발포를 멈출 생각이 없었다. 앞에 있던 한 해병이 개머리판으로 슈타인하우저 중위를 가격했다.… 젊은 해병들과 노동자들이 돌진하자 기관총을 발포했던 이들은 달아났다."

1958년 카를 아르텔트의 회고. 〈Https://www.kurkuhl.de/en/novrev/artelt_recollection.html〉〔2013년 12월 접속 확인〕.

"총탄에 맞은 동지들을 카이저 카페 안으로 옮겨서 부상자는 소파 위에 그리고 사망자는 바닥에 눕혔다. 우리는 서로 손을 붙잡고 다짐했다. 이 흉악한 범죄를 저지른 자들, 그리고 모든 전쟁광들에 단호하게 맞서 행동하기로. 그자들이 더러운 짓을 그만둘 수밖에 없을 때까지 우리는 멈추지 않기로 했다. 결정적인 대치의 순간이 온 것이다. 일촉즉발의 순간에 도화선이 될 만한 불꽃을 우리는 이미 목격했다."

카를 아르텔트의 증언. "With the Red Flag to Vice-Admiral Souchon", *All Power to the Councils*, pp. 20~21.

p. 151

"지금 이 순간 우리는 독일이 자유사회주의공화국임을 선포한다.… 자유의 날이 왔다.… 유럽을 무덤으로 만들어버렸던 자본주의의 지배는 이제 끝났다.…"

카를 리프크네히트, 스파르타쿠스단의 공화국 선포, 1918년 11월 9일 〈https://www.facinghistory.org/weimar-republic-fragility-democracy/politics/spartacists-proclamation-republic-november-9-1918-politics〉

〔2014년 12월 접속 확인〕.

"… 더 이상은 어떤 회합도, 어떤 비밀 집회도 없어. 위대한 일들이 펼쳐지고 있는 곳, 귓가에 바람이 응응대는 곳, 바로 그 한가운데 내가 있을 거야. 하지만 세속적 일상과는 다르겠지." 로자 룩셈부르크의 편지. J. P. Nettl, *Rosa Luxemburg*, p. 417 인용.

실제로 룩셈부르크가 석방된 것은 11월 9일 밤 10시경이었지만, 마땅히 갈 곳이 없었던 탓에 교도소에서 밤을 지샜다. 그녀는 승리감에 젖은 브레슬라우 군중 앞에서 연설을 한 뒤 기차 편으로 서둘러 베를린으로 향했다.

p. 152

"동료 중 하나가 군인 열 명을 길에서 데려와서는 용맹한 행동—'열 명당 중위 한 명'—을 강요했고 그는 『베를리너 로칼 안차이거(*Berliner Lokal-Anzeiger*)』 신문사를 점거했다.… 일요일에 있었던 일이다. 그 열 명이 완전무장을 한 채 문간에 서서 우리 편이 아니면 들여보내지 않다 보니 이 점거가 마치 그들의 경호를 받고 있는 듯한 모양새가 됐다. 월요일 아침〔11일〕에 우리는 돌아왔다.… 모두—로자 룩셈부르크, 카를 리프크네히트, 10~12명가량의 다른 동지들— 모여 있는데 갑자기 문이 열리더니 출판 책임자가 들어와 더 이상의 편집은 절대 없다고 못 박았다. 좀 무례하지 않은가 하고 우린 생각했다.… 우리 중 한 명이 일어나 노동자군인평의회에 가려고 하는 순간 건물 입구에서 누군가가 그를 향해 총구를 겨누고 있음을 알았다. 셀(Scherl)사(社)에서 우리 측 경비원을 매수해 둔 바람에 그 경비원은 이제 사측의 허락 없이는 우리 중 어느 누구도 살아서 건물을 나설 수 없을 거라며 으름장을 놓았다.… 그리하여 혁명 사흘째이던 그날 우리는 열 몇 명이 군 부대의 포로처럼 앉아서는, 만일 첫 번째와 두 번째 아침 식사 사이에 기분 내키는 대로 자본주의자나 그렇게 '혁명군'을 순식간에 쉽게 잡아챌 수 있다면 혁명이 어떻게 전개될 것인지 궁금해 했다.

이건 한 가지 일화에 불과했지만 사건 전체의 일부분을 포함하지 않는 일화란 없는 법이다. 이는 혁명의 상징이나 다름없었다."

파울 리바이의 글. M. Jacob, *Rosa Luxemburg: An Intimate Portrait*, p. 92 인용.

p. 153

"What does the Spartacus League Want?"에서 아주 거칠게 요약한 것으로, 1918년 12월 14일 『로테파네』에 처음 실렸다.

p. 154~155

이 당시 에베르트는 독일제국의 제국총리(Chancellor)이자 프로이센의 총리였다. 1919년 8월 21일에 공식적으로 대통령에 취임했다.

루덴도르프는 이 시점에 사임을 한 상태였고 빌헬름 그뢰너는 그를 병참감에 앉혔다. 이 작품에서 루덴도르프를 중심적인 인물로 등장시킨 것은 '등에 칼을 꽂는' 이야기의 전형이 만들어지는 데 공헌을 했고, 그로 인해 군인들이 방향을 틀어 사회주의자들을 공격하게 되었기 때문이다.

"막스 공의 메모에 따르면, 에베르트의 선언은 11월 7일에 있었다. '황제가 퇴위하지 않는다면, 사회혁명은 불가피하다. 하지만 나는 혁명을 원치 않는다. 나는 혁명을 정말로 증오한다.'(Wenn der Kaiser nicht abdankt, dann ist die soziale Revolution unvermeidlich. Ich aber will sie nicht, ja, ich hasse sie wie die Sünde.)" 출처: v. Baden: Erinnerungen und Dokumente p. 599 f. via Wikipedia, "The German Revolution."

실제로 이 대화는 저녁 무렵 이루어졌다. 에베르트가 인민대표자회의에 대한 통치권을 주장할 수 있게 된 시점이었다.

"11월 10일 늦은 저녁, 그뢰너는 당시까지도 에베르트는 존재조차 알지 못하고 있었던 비밀 경로를 통해 에베르트를 관저로 불렀다. 그뢰너는 벨기에 스파에 있는 독일군 사령부에 있었다. 에베르트는 당시 오간 이야기에 대해 끝까지 함구했으므로 논의 내용에 대한 정보는 그뢰너를 통해 나온 것뿐이었다. 그뢰너에 따르면, 그는 에베르트에게 군의 충성과 협조를 약속하는 대신 몇 가지를 요구했다. 볼셰비즘에 맞서 싸우고, 군인평의회에 신속히 종지부를 찍어 장교단의 단독 지휘권을 복구하며, 국가적 통합, 그리고 법과 질서를 회복시키라는 것이었다. 에베르트는 좀 전에 참석했던 열띤 집회의 여파로 여전히 불안을 떨치치 못한 눈치였고, 대화의 말미에는 그뢰너에게 감사의 뜻을 전했다."

Wikipedia, "Ebert-Groener pact." 원 출처는 Sebastian Haffner, Die deutsche Revolution 1918/19(독일어판), Kindler, pp. 120~121.

p. 156

"고용주와 임금의 노예들 대신, 자유로운 노동자 동지들이 있는 겁니다! 누군가의 괴롭힘 때문이 아니라 각자의 할 일이라서 하는 노동! 사회적 의무를 다하는 사람들 모두가 인간답고 정직한 삶을 누리는 겁니다.…

이제 사회주의는 인류를 구원할 수 있는 유일한 길입니다. 『공산당선언』은 허물어지고 있는 자본주의사회의 요새 위로 타오르는 불길 같은 징조입니다. 사회주의인가 야만인가!"

"What does the Spartacus League Want?", 1918년 12월 14일 『로테파네』에 처음 실렸다. Trans. Peggy Fallen Wright, *The Rosa Luxemburg Reader*, p. 350.
그런데 『공산당선언』에는 "사회주의인가 야만인가"라는 문구가 없다. 룩셈부르크 역시 「유니우스 팸플릿」에서 이 구절을 프리드리히 엥겔스의 것으로 인용했으나, 엥겔스가 그런 말을 쓴 적은 없다. 실제로는 카를 카우츠키가 에르푸르트 강령에서 독일 사회주의의 기초에 대해 논하면서 썼던 표현이다. 저서 *Das Erfurter Programm in seinem grundsätzlichen Teil erläutert*(에르푸르트 강령: 기초에 대한 논의), 1891: "… 우리는 사회주의로 나아가든가 야만으로 후퇴하든가 선택해야만 한다.(es heißt entweder vorwärts zum Sozialismus oder rückwärts in die Barbarei.)" 오늘날 이 예언적 문구 "사회주의인가 야만인가"는 룩셈부르크가 처음 만들어 쓴 표현으로 알려져 있지만, 실은 당시 그녀의 동료들이면 익히 알고 있었을 법한 개념들을 되짚은 것이었다. Angus, "The Origin of Rosa Luxemburg's Slogan 'Socialism or Barbarism'", *Monthly Review Magazine*, 2014. 10. 참고.
하루 8시간 노동은 노조가 슈틴네스-레기엔 협약을 통해 사측으로부터 양보를 얻어낸 결과였다. 이 협약은 사회주의 근본원리에 대한 또 하나의 배신으로 간주되어 왔다.
"… 우리는 이 강령을 통해 프롤레타리아트의 당면 과제는 다름 아닌 —한마디로— 사회주의를 진실과 사실로 만들고, 자본주의를 완전히 뿌리 뽑는 일임을 선포합니다.…"
"Our Program and the Political Situation", 1918년 12월 31일 독일 공산당 창당대회에서 로자 룩셈부르크가 한 연설. 〈https://www.marxists.org/archive/luxemburg/1918/12/31.htm〉[2013년 12월 접속 확인].

p. 157

"… 속박받지 않는 자유 언론과 제한 없는 집회와 결사의 권리가 없는, 다수 민중에 대한 지배는 생각조차 해볼 수 없다.…

정부 지지자들만을 위한, 특정 당파의 지지자들만을 위한 —그 수가 아무리 많다 해도— 자유는 자유가 아니다. 자유는 제각기 다른 생각을 하는 모든 이를 위한, 항상 절대적인 자유다. '정의'라는 열광적인 어떤 개념 때문이 아니라 그 모든 것이 유익한 일이기 때문에, 온전하고 순전한 정치적 자유는 이러한 본질적 특징에 좌우되며, '정의'가 특권이 되는 순간 그 자유는 더 이상 유효하지 않게 된다."
Luxemburg, "The Russian Revolution", trans. Bertram D. Wolfe, *The Rosa Luxemburg Reader*, p. 305.
로자는 1918년 9월 러시아혁명에 대한 상세한 비평을 작성했고, 이는 1922년 파울 리바이에 의해 팸플릿 형태의 유작으로 출간되었다. 프뢸리히는 이렇게 적고 있다. "레오 요기혜스는 이 글의 출간에 반대했다. 몇몇 근본 사항에 대해 그 이후 로자의 견해가 바뀌었고, 로자는 러시아혁명을 다룬 책을 따로 집필할 생각이었음을 잘 알고 있었기 때문이다." Paul Frölich, *Rosa Luxemburg: Ideas in Action*, p. 214.
"프롤레타리아혁명은 목표 달성을 위해 공포를 동원할 필요가 없다. 프롤레타리아혁명은 살상을 증오하고 경멸한다. 개인에 맞서 싸우는 것이 아니라 제도에 맞서 싸우는 것이므로 그러한 무기는 필요치 않다. 실망감으로 복수를 하겠다는 순진한 환상을 품고 뛰어드는 것이 아니다. 이상에 따라 세계를 억지로 빚어보겠다는 소수의 고군분투가 아니라, 역사적 임무를 완수하고 역사적 필요를 현실로 바꾸어내려는 수백만 다수 인민의 행동이다." Luxemburg, "What does the Spartacus League Want?", *The Rosa Luxemburg Reader*, p. 349.

p. 158

'등에 칼을 꽂다'라는 표현이 공식적으로 쓰이기 시작한 것은 아마도 1919년 가을일 것이다. 당시 루덴도르프는 베를린에서 영국의 군사작전 참모인 닐 맬컴 장군과 저녁 식사 중이었다. 맬컴은 루덴도르프에게 독일이 전쟁에서 졌다고 생각하는 이유를 묻자, 루덴도르프는 여러 이유를 들었는데 그 가운데는 후방의 실패도 있었다.

"맬컴이 그에게 물었다. '그러니까 장군님은 등에 칼이 꽂혔단 말씀입니까?' 그러나 루덴도르프는 눈을 반짝이며 마치 뼈다귀를 붙잡은 개처럼 그 표현에 흥미를 보였다. '등에 칼이 꽂혔다고요?'라며 되묻더니 '그래요, 바로 그겁니다. 우리 등에 칼을 꽂더군요.' 유명한 표현이 그렇게 탄생했던 것이다.…"
John W. Wheeler-Bennett, "Ludendorff: The Soldier and the Politician", *Virginia Quarterly Review* 14(2), 1938, pp. 187~202.
"[루덴도르프의] 세계관에서 유대인, 프리메이슨, 예수회는 비밀스런 동맹 관계였다. 유대인들과 예수회 기사단이 함께 세계 자본을 쥐락펴락하고 있으며 프리메이슨주의는 유대인들이 만들어낸 것으로 예수회에서 고도로 조종하고 있다고 믿었다."
"The anti-Masonic writings of Gerneal Erich Ludendorff", Jimmy Koppen, Interdisciplinary Research Group Freemasonry, Free University Brussels, paper presented at the 12th annual conference of the Canonbury Masonic Research Center, London, 2010. 10. 30.

〔2013. 12. 접속 확인〕.

노스케가 실제로 전쟁부에 공식 임명된 것은 1919년 12월 말이다.

"1918년 소위 크리스마스 충돌을 계기로 사민당은 노동자들의 급진적 봉기를 진압하기 위해서는 부르주아 및 군 반동 세력과의 협력도 서슴지 않았음이 명백히 드러났다. 당시 USPD〔독립사민당〕 인민 대표단이 사퇴하고 사민당원 2명이 추가로 인민대표자회의에 들어왔다. 그중 한 명이 구스타프 노스케로, 독일 국방장관으로 임명된 인물이었다. 임명 당시 노스케는 이렇게 말했다고 한다. '누군가는 피냄새를 맡는 사냥개가 되어야 한다―나는 준비가 되어 있다.'" *All Power to the Councils*, p. 28.

p. 159

"볼셰비즘은 위험하다!… 독일의 여성들이여! 볼셰비즘과 스파르타쿠스단의 이데올로기가 왜 위험한 줄 아는가?… 여자는 인민의 재산이 될 것이다.… 그 공공재를 사용하고자 하는 남자는 노동자평의회의 허가를 받아야 한다.… 거부하는 여성에 대해 보고할 의무가 모두에게 주어진다."
볼셰비즘 대항을 촉구하는 노조 포스터. E. Ettinger, *Rosa Luxemburg: A Life*, p. 232.

"… 부르주아 신사들 그리고 그들의 발밑에서 재산, 특권, 이윤 때문에 벌벌 떠는 자본주의경제의 모든 기생적 존재… 역사적 관점에서는 그 광경을 차분하게 미소를 띤 채 내려다볼 수도 있다. 우리는 그 판―배우, 매니저, 맡은 역할―을 간파할 수 있다."
Die Rote Fahne, 1918년 11월 24일 자. Paul Frölich, *Rosa Luxemburg: Ideas in Action*, p. 278.
'로테파네 사무실에 있는 로자'라는 이러한 설정은 여러 사건을 한 페이지에 압축해 넣기 위해 동원한 서사적 장치다. 실제로 군이 로테파네 사무실을 점령한 것은 12월 6일이었고, 카를 리프크네히트는 그곳에서 다음 날 체포되었다.

p. 160

"지금 필요한 것은… 우리가 시작한 일을 지속해 나갈 수 있도록 아주 엄격한 자기비판과 강철 같은 집중력이다.…

자본주의 철폐는… 엄청난 작업이어서 위로부터 내려오는 소수의 결정 사항에 의해 눈 깜짝할 사이에 완수할 수 있는 일이 아니다. 도시와 국가 전체의 다수 노동자들의 의식적 행동을 통해서만 태동이 가능하며, 민중이 지치지 않고 추구하는 이상과 최상의 지적 성숙을 통해서만 그 복잡한 난관을 헤쳐 나올 수 있다."
1918년 11월 18일 『로테파네』에 처음 게재된 Luxemburg,

"The Beginning." 그리고 *The Rosa Luxemburg Reader*, p. 343.

"부르주아혁명의 경우와는 달리, 역사가 우릴 위해 쉽게 상황을 해결해 주지는 않을 겁니다. 그때는 공권력을 타도하고 새로운 인물 몇 명 혹은 몇 십 명을 그 자리에 대신 앉히는 것만으로 충분했으니까요. 하지만 우린 아래로부터 위로 움직여야 합니다. 그것이 우리 혁명의 대중적 성격과 목표에 부합하는 방식이니까요.…

… 전 과정에 얼마만큼의 시간이 필요할지 감히 예언은 하지 않겠습니다. 하지만 우리 목숨이 그걸 실현할 만큼 되기만 한다면, 우리 가운데 누가 그리고 또 누구에게 그걸 중요한 문제라 논하겠습니까?"
1918년 12월 31일 독일 공산당 창설대회 연설. Paul Frölich, *Rosa Luxemburg: Ideas in Action*, p. 282~283 인용.
"스파르타쿠스단은 독일 전역의 프롤레타리아트계급 절대 다수의 명백하고 명시적인 의지 표명이 있지 않는 한, 스파르타쿠스단의 견해, 목표, 투쟁 방식에 대한 의식적 승인이 있지 않는 한, 통치 권력을 잡는 일은 절대 없을 것입니다." 같은 책, p. 270.

p. 161

「싸우자!」는 1919년 베르톨트 브레히트가 개사한 애국적 군가 「가자! 가자! 전쟁터로, 전쟁터로!」의 복사판으로, 좌파의 혁명가가 되었다.

"누가 먼저 '포어베르츠 건물로 가자!'고 외쳤는지는 알 길이 없다. 선동 세력이 있었으리라는 여러 가지 설이 제기돼 왔다. 물론 그럴 가능성도 있다. 그러나 당시 상황과 엄청난 군집에 흥분한 어느 시위자가 시작한 것일 수도 있다. 자발적 대중행동이 일어나는 방식이 본래 그렇다. 모두가 공감하는 감정 실린 말을 누군가가 내뱉는 것이다. 불안정한 시기에는 얼마든지 일어날 수 있는 일이다."
Karl Retzlaw, "Noske and the Beginning of the Comrades' Murders", *All Power to the Councils*, p. 130.

p. 162

카를 리프크네히트의 오른팔이던 빌헬름 피크는 의용군의 대학살에서 살아남아 결국 동독의 대통령이 되었고, 스탈린 통치에 가담하게 된다.
혁명위원회의 회합은 임페리얼 스테이블스에서 이루어졌다. 혁명군에 가까웠던 인민해상부의 당시 주재지로, 이 책의 일화에 나오는 포어베르츠 건물은 아니었다.
"피크가 작성한 보고서에 따르면 이 '혁명위원회'가 밤새 앉아서 결정한 내용은 '밤중에 각료들을 체포하고 월요일에 군 관련 주요 건물들을 점거하는 것', 그리고 노동자들을 무장시키고 병참 조직을 꾸리기로 한 것이었다. 그러나 봉기를 주도한 지도부에게는 이러한 결정을 실행에 옮길 만한 여력이 더 이상 남아 있지 않은 상태였고, 피크의 반대에도 불구하고 새벽 2시 이전에 위원회는 해산했다."

Ottokar Luban, "Rosa at a Loss. The KPD Leadership and the Berlin Uprising of January 1919: Legend and Reality", *Revolutionary History*, Volume 8, no 4, p. 23.

p. 163

"… 일부 군 병력을 급파하여 정부 청사를 점거했고 합법성을 확보하기 위해 '혁명위원회'가 타자로 작성한 선언문도 입수했다. 에베르트-샤이데만 정부의 해산과 혁명 조직의 임시 통치를 선포하는 내용이었다. 작성한 책임자들의 서명을 제시할 수만 있다면 전쟁부의 쇠락한 수비대는 무장한 혁명군에게 순순히 건물을 내어줄 수도 있을 터였다. 그러나 서류에는 책임자들—레데부어, 리프크네히트, 숄체—의 이름이 타자로 쓰여 있을 뿐이었다. 혁명군을 담당하고 있던 수병 빌헬름 렘겐은 서명을 받기 위해 선언문을 들고 돌아왔고, 리프크네히트는 당시 자리에 없던 레데부어의 몫까지 대신 서명을 했다. 시위대 앞에서의 연설에 대부분의 시간을 할애했던 리프크네히트는 선언서 작성에는 관여하지 않았을 가능성이 높다. 1919년 1월 22일 렘겐의 진술을 보면 이런 언급이 있다. '리프크네히트는 한참 동안 선언서를 읽었다. 그 글을 처음 보는 듯했다.' 불안을 느끼기 시작했던 렘겐은 전쟁부 외부의 무장세력에게 돌아가지 않고, 서명 받은 서류를 든 채 집으로 가버렸고 그 후 사민당 정부 대표 측에 그 서류를 넘겼다." 같은 책, pp. 24~25.

리프크네히트의 '반란 서류'를 지니고 있던 렘겐이 수병들을 이끌고 있었으므로 베를린에 아내와 가족이 있었을 것 같지는 않다. 빈곤한 노동자계층에게 가해지던 모순된 성격의 경제적·사회적 압력을 보여주기 위해 각색한 허구적 변형이다. "… 월요일 오후 느지막이〔인민해상부는〕지도자 도렌바흐—당시 해임됨—의 지원 약속을 어기고 반군 세력을 강압적으로 건물 밖으로 몰아냈다. 1920년에 피크가 수기로 작성한 글을 보면 혁명적 노조대표회의는 '거친 욕설을 들으며 마르슈탈에서 쫓겨났다." 같은 책, p. 26.

p. 164

포어베르츠 건물을 탈환한 뒤에 나눴던 대화다. 룩셈부르크는 '반란' 서류에 리프크네히트가 서명한 사실을 사민당이 포어베르츠를 되찾고 다음 호에 그 사실을 게재할 때에야 알게 되었다.

"그 자리에 있었던 사람들이라면 그 장면을 절대 잊지 못할 것이다. 로자 룩셈부르크는 카를 리프크네히트에게 서명된 서류를 들이밀었다. '임시정부, 레데부어, 리프크네히트, 숄체.' 그러고는 곧바로 따져 물었다. '카를, 이게 우리 강령입니까?' 좌중은 침묵했다."

파울 리바이의 회고. Ottokar Luban, 같은 책, p. 45 인용.

"… 실패할 시간조차 없다. 당장 포괄적인 조치에 돌입해야 한다. 대중 그리고 혁명에 동참하는 충직한 군인들에게 명료하고 신속한 지침을 내려야 한다. 그들이 지닌 힘과 용맹을 올바른 목표에 쏟아부어야 한다. 군대의 불안정한 요소들은 혁명 조직의 단호하고도 명료한 행동을 통해 민중의 신성한 대의에 복속시킬 수 있다.

행동하라! 행동하라! 용맹하게, 단호하게, 일관되게. 이것이야말로 혁명을 이끄는 자들과 진정한 사회주의 지도자들의 '천형 같은' 의무이자 책임이다. 반혁명 세력을 무력화하고 대중은 무장시키며 모든 권력의 자리를 점령하라! 당장 행동하라!"

Luxemburg, "What are the Leaders Doing?", *Die Rote Fahne*, 1919년 1월 7일 자, Trans. W. D. Grarf, Marxist Internet Archive, marxists.org.〔2013년 12월 접속 확인〕.

p. 165

"… 1월 9일, 로테파네 사무실이 급습당했다. 정부 순찰대가 이미 도착해 있었다. 로자는 평상시처럼 위험 따위는 아랑곳하지 않았던 것 같다. 집을 나서면서 그 무리에게 경계의 눈초리를 한 번 보내기는 했지만, 적진으로까지 사람을 내몰 만한 것은 굶주림밖에 없을 것이라 생각한 그녀는 곧 그들의 행동이 자신들의 실제 이익에 얼마나 반대되는 것인가를 설명하기 시작했다. 일촉즉발의 위험한 상황에서 여성인 동료가 로자를 끌고 자리를 피하기는 매우 힘들었을 것이다. 잠시후 교전 지역 한가운데서 군중에 둘러싸여 열띤 토론을 벌이고 있는 로자를 발견한 후고 에버라인이 억지로 그녀를 끌다시피 하여 자리를 떠나야만 했다. 로자는 위험 따위에는 아랑곳하지 않았으며, 사실 책임감이라는 낭만적이다시피 한 감정으로 오히려 위험을 찾아다녔다는 편이 맞을지 모르겠다. 그녀는 혁명에 동참하는 보통의 투사들과 모든 위험은 공유해야 한다고 믿을 뿐이었다." Paul Frölich, *Rosa Luxemburg: Ideas in Action*, p. 294.

여성 동지가 납치된 것은 포어베르츠 건물 습격 이후에 있었던 일이다. "포어베르츠 탈환 이후… 한 여성 동지가 로테파네 사무실에서 벌어지는 일들을 알아보러 나갔다가 길에서 군인들에게 붙잡혔다. 로자 룩셈부르크로 오인받은 그녀는 장시간에 걸쳐 끔찍한 취급을 받다가 가까스로 풀려났다. 로자가 붙잡혔다면 무슨 일이 벌어질지 불 보듯 뻔했다. 그러나 로자의 '닮은 꼴'이 살해 협박당한 것을 전하며 도피를 권했지만, 로자는 단호하게 거절했다. 자신과 카를은 베를린에 남아 노동자들이 패배하여 사기가 저하되는 것을 막아야 한다는 것이었다." 같은 책, p. 295.

실제로 스파르타쿠스단은 여러 주에 걸쳐 건물을 무장 엄호하고 있었다. 건물 입구에는 종이 뭉치를 방어벽처럼 세워두었다. 재미를 위해 각색한 이 부분은 다음 내용을 바탕으로 한 것이다.

"포어베르츠 점거가 유혈 사태 없이 이루어진 만큼, 이후의 혼란과 약화는 치명적이었다. 카를 그루부슈는 포어베르츠 방어에 최선을 다해 힘을 보탰으나 권한이 사실상 전무했고, 20~30명의 사람으로 무작위 구성된 위원회에서는 수 시간에 걸쳐 사소하기 짝이 없는 대책을 논의하고 있었다.··· 지하실 벽을 부수면 포격 시 대피 경로를 확보할 수 있을 거라는 누군가의 제안은 부결됐다. 점거 세력 가운데 가장 안일한 생각을 지녔던 이들은 건물에 총격이 시작되기 전까지 포격은 있을 리 없다고 믿기도 했다.···

목요일이 되자, 통행은 아직 가능했으나 포어베르츠 주변 구역 전체는 봉쇄됐다. 길모퉁이마다 군인들이 켜켜이 소총과 기관총을 겨누고 있는 상태였고, 지나는 사람들마다 무기를 지니고 있지는 않은지 수색을 받았다. 이 모든 일이 베를린의 백만 시민이 지켜보는 앞에서 벌어졌으나, 대부분의 주민은 수동적이었다. 좀 더 많은 이들이 진정으로 혁명에 관심이 있었다면, 군을 쉽게 무력화시킬 수도 있었을 것이다.···"

Karl Retzlaw, "Noske and the Beginning of the Comrades' Murders", *All Power to the Councils*, pp. 131~132.

p. 166~167

"이른 아침 불공평한 싸움이 시작됐다. 싸움은 단 몇 시간 만에 우리 측의 항복으로 끝이 났다. 어둠이 아직 덮여 있을 때 정부군은 사방에서 건물로 접근해 온 상태였다. 그들은 기관총, 기관포, 박격포로 무장한 채 약 300~400미터 거리에 자리를 잡고 있었다. 인근 건물들마다 굴뚝 뒤나 옥상에는 저격수들이 배치되어 포어베르츠 건물에 대해 확실히 시야를 확보하고 있었다. 포어베르츠는 창이 넓적하고 주변에는 널찍한 뜰로 둘러싸인 구조였다. 포어베르츠를 방어하는 이들은 누구나 손쉬운 표적이 될 수밖에 없었다.···

그런데도 우리는 베를린의 노동자들이 우리를 구해 주러 나올지 모른다는 일말의 기대를 품고 있었다. 여러 날 동안 노동자 수십만 명이 후방에서 노스케 군단을 공격할 것이라는 소문이 떠돌고 있었기 때문이다. 우리는 그 소문을 믿고 싶은 마음이 간절했다.··· 슈바르츠코프 공장 노동자들과 스판다우

출신의 무장 세력 1천여 명이 우리를 돕기 위해 오고 있다는 이야기를 들었다. 몇 번이고, 노스케 군단 너머에서 신호가 들리는 것 같았다. 하지만 모든 게 착각이었다. 지금 하는 이야기로 인해 당시 포어베르츠에 있던 어느 누구의 명예도 떨어뜨리고 싶은 마음은 없다. 점거 전 그들 대부분은 사민당원이었을 것이다. 혁명 투쟁의 경험도 전무했던 데다, 정부 내 당 동지들이 1848년 이후 독일에서는 사용된 적 없는 수단으로 가차 없이 공격을 가해 오는 것에 큰 충격을 받은 상태였다. 황제 빌헬름 2세는 군인들에게 자기 부모도 쏠 수 있어야 한다고 강조했기는 하나, 실제로 그런 명령을 내린 적은 없다. 그런데 사민당원인 에베르트와 노스케는 그런 명령을 내린 것이다.

극소수의 용감한 이들은 정부군의 발포에 대항했다. 정부군이 직접적인 공격까지는 감행하지 않으리라는 확신으로 싸움에 임한 것이었다. 나는 방마다 물과 무기를 가져다주었다. 우리가 가진 무기와 총탄이라고는 건물 안에서 찾아낸 것들이 전부였다.···

기관총으로 무장한 노스케 군단은 포어베르츠와 인근 건물의 모든 창과 전면 벽을 부숴버렸다. 2시간 동안 투항을 거부한 채 싸움을 이어가자, 그들은 포격을 이어갔다. 수류탄이 벽을 뚫고 날아오고, 돌출부를 허물어뜨렸으며, 건물은 흙먼지로 뒤덮였다. 이따금씩은 한치 앞도 안 보일 만큼 흙먼지가 짙게 일기도 했다. 몇몇 방에서는 가스관이 터져 불길이 치솟는 바람에 이미 투항할 태세였던 점거 세력은 혼란으로 뒤엉켰다. 다들 '가스다! 가스!' 소리치며 복도로 뛰쳐나왔다." 같은 책, pp. 132~133.

이 이야기는 실제 맥락과 연계시켜 볼 필요가 있다. 당시 포어베르츠 건물 안에서는 기관총과 탄약을 포함한 상당량의 무기가 발견된 상황이었다. 사민당 정부가 무자비한 군사 진압을 계획하고 있었다는 불길한 신호였다.

p. 168

무기 전문가라면 이 그림의 탱크가 독일제가 아니라 영국제라고 지적하고 싶을지도 모른다. 당신 말이 맞다. 당시 노획된 영국군 탱크에 독일군의 색을 칠한 것으로, 1918~1919년 베를린 시가에서 스파르타쿠스단과의 대치 상황에서 실제로 사용됐던 탱크다.

"그루부슈 일행이 건물 방어를 의논하고 있는 중에 사람들이 방 안으로 몰려들어와 건물을 넘겨달라고 간청했다.

카를 그루부슈와 시인 베르너 묄러가 협상단을 자처하고 나섰다. 다섯 명의 동료와 함께 흰 서류 뭉치를 흔들며 건물을 나섰다. 그들 가운데 단 한 명도 돌아오지 못했다. 두 시간 뒤 우리는 벨레 알리앙스 스트리트에 있는 드라고너 건물 앞

215

뜰에 훼손된 채 놓인 그들의 시체를 발견했다. 총탄을 맞고 칼에 베이고 두들겨 맞은 그들의 시체가 낄낄대는 노스케 군단 사이에 널브러져 있었고, 그 군인들 대부분은 피를 흠뻑 뒤집어 쓴 모습이었다.…

… 그들은 우리더러 무기를 내려놓고 머리 위로 양손을 든 채 한 명씩 건물을 떠나라고 명령했다. 우리는 삼백 명쯤 됐고, 그중에는 적십자 완장을 두른 여자들도 상당수 포함돼 있었다.…

우리는 시키는 대로 넉 줄로 섰다. 그런 다음 양팔을 머리 위로 올린 채 드라고너 건물까지 감시 속에 이동했다. 가는 내내 군인들은 우리를 채찍으로 때리거나 소총 개머리판으로 때렸다.…

드라고너 건물에 도착해서는 학살당한 대표들이 널브러져 있는 앞뜰로 이동해야 했다. 자리를 잡은 기관총들은 우리를 겨냥한 채 발사 준비를 하고 있었다. 나는 맨 앞줄에 서 있었다. 두렵지 않았다. 나는 재빨리 코트를 벗어 발 앞에 내려놓았다. 왜 그랬는지 모르겠지만 코트가 어머니에게 보내지리라고 생각했다.… 하지만 아무 일도 일어나지 않았다. 우리는 그곳에 예닐곱 시간을 내리 서 있었다. 나중에 알게 된 사실이지만, 장교들이 300명의 죄수에 대한 발포 승인을 얻기 위해 에베르트 정부 당국과 계속 통화 중이었던 것이다. 노스케는 명백히 우리에 대한 총격을 권했으면서도 서면상의 명령 발부는 거부했다." 같은 책, p. 134.

카를 레츨라우의 진술에 따르면, 노스케는 1919년 3월 중 자유군단에 의한 급진 세력 대량학살에 대해 이렇게 언급한 바가 있다. "성냥을 가지고 놀았으니, 불에 타야지!" 같은 책, p. 140.

p. 169

"… 스파르타쿠스단에 맞선 선동은 혁명 초기부터 열렬한 인류애를 표명하는 가운데 이미 시작된 상태였고, 1월에는 광적인 사디스트들의 합창이 되어버렸다.… 1월 13일, 포어베르츠는 부끄러움도 모른 채 파렴치함의 언덕을 오르고 말았다. 솔직한 마음을 노골적으로 드러내는 데도 거침이 없었다. 정기적으로 기고하던 아르투르 지클러가 쓴 시 한 편이 실렸고, 그 마지막 연은 다음과 같았다. (그는 훗날 사과문을 게재했다.)

수백만 구의 시체가 줄지어 누워 있다ー
프롤레타리아트여!
카를, 라데크, 로자, 그리고 동지들이여ー
그중에 하나가 없구나, 하나가 없구나!
프롤레타리아여!

Paul Frölich, *Rosa Luxemburg: Ideas in Action*, p. 298.

"… 소위 제국의회 연대를 창설한 것은 사민당이었다. '사민당 보조 부서, 제14부'라는 공식 명칭으로 알려진 이 조직의 실체는 이후 프린츠라는 성을 가진 어떤 인물을 상대로 한 명예훼손 소송 과정에서 밝혀졌다. 조사된 바에 따르면, [제국의회 연대는] 필리프 샤이데만과 재정을 후원하던 (악독한 사기꾼이자 투기꾼) 게오르크 스카르츠의 이름으로 카를 리프크네히트와 로자 룩셈부르크의 목에 10만 마르크의 현상금을 걸었던 것으로 드러났다. 제14부의 책임자였던 헤셀이 선서 후 공표한 바에 따르면, 샤이데만의 사위인 프리츠 헨크가 분명히 확인했는데, 보상 제안은 진지하게 이루어진 것이었고 해당 자금은 그러한 목적에 쓸 수 있었다고 한다. 제국의회 연대의 여러 다른 일원들 역시 이러한 증언들을 확인해 주었고, 리프크네히트와 룩셈부르크에 대한 암살 명령이 서면상으로 내려진 적은 없으나 분명히 있었음을 반복 증언하였다." 같은 책, p. 297.

p. 170

"피크는 어느 가정부가 이렇게 말하는 것을 들은 적이 있다. '그 가엾은 여자를 어찌나 두들겨 패고 끌고 다니던지 평생 잊을 수가 없어.'" J. P. Nettl, *Rosa Luxemburg*, p. 489.

"있잖아요, 난 지난 수년간의 역사를 통해서, 그리고 더 멀리 돌아보면, 전체 역사를 통해서 깨달은 게 있어요. 어느 한 개인이 미칠 수 있는 영향을 과대평가해서는 안 된다는 거예요. 눈에 보이지 않는, 깊은 곳으로부터 나오는 강력한 힘이 근본적으로 작용하고 있고, 그런 힘은 확고하죠. 그리고 결국 모든 것은 스스로, 다시 말해, '자연히' 해결된다는 거예요." Luxemburg, *Letters*, p. 392.

p. 177

"나는 거기 조용히, 홀로, 누워 있어. 어둠, 권태, 자유의 결핍, 그리고 겨울 같은 겹겹의 검은 베일에 싸인 채. 그런데도 내 심장은 낯설고 불가해한 내밀한 기쁨으로 두근거려서 마치 찬란한 햇살 속에 꽃밭을 가로질러 걷고 있기라도 한 기분이야. 어둠 속에서 나는 삶을 향해 미소를 지어. 마치 악하고 슬픈 모든 것은 거짓임을 확인하고 그 모든 걸 순전한 빛과 행복으로 바꾸어내는 어떤 마법 같은 비결을 알아내기라도 한 사람처럼 말야. 그리고 줄곧 내 자신 안에서 이런 기쁨의 이유를 찾아보려 하지만 아무것도 찾지 못한 채 그저 다시 스스로에게 미소를 짓는 수밖에. 스스로를 비웃기도 하고. 비결은 결국 삶 그 자체인 것 같아. 밤의 깊은 어둠은 마치 벨벳처럼 아름답고 부드러워. 제대로 바라보기만 한다면 말야. 보초들의 무겁고 느린 발걸음 아래 자박거리는 젖은 모래 속에서도 삶이라는 작고 예쁜 노랫소리가 들리지. 물론 듣는 법을 알아야겠지. 그런 순간마다 난 당신을 생각해. 이 마법의 열쇠를 당신에게 건네서 어떤 상황에서든 늘 당신도 아름다운 것들과 즐거운 것들을 알아차릴 수 있게. 그래서 당신도 찬란한 들판을 가로질러 걷는 듯 들뜬 행복감 속에 살 수 있게 할 수 있다면 얼마나 좋을까." Luxemburg, *Letters*, p. 455.

p. 179

로자 룩셈부르크의 마지막 글로, 죽기 전날 밤에 쓴 「질서가 베를린을 지배한다」는 『로테파네』 1919년 1월 14일 자에 게재되었다. Trans. Peggy Wright, *The Rosa Luxemburg Reader*, p. 378.

"지도부는 실패했다. 하지만 민중에 의해, 그리고 민중으로부터 새롭게 태어날 수 있으며 또 그래야만 한다. 민중이야말로 핵심 요인이며, 혁명이 궁극적으로 승리할 수 있는 디딤돌이 될 것이다. 민중은 과업을 달성할 역량이 있었다. 그들은 이번 '패배'를 국제 사회주의의 긍지와 저력이 될 역사적 패배로 만들어냈다. 그러므로 이 '패배'는 곧 미래 승리의 씨앗이다.

"'질서가 베를린을 지배한다!' 이 멍청한 무리들아! 당신들이 말하는 '질서'는 모래 위에 쌓아올린 것이다. 혁명은 '또다시 일어나 싸울 것'이며, 승리의 노래에 맞춰 이렇게 선포할 테니 두려워해야 할 것이다. 나는 있었고, 있으며, 있을 것이다."

p. 180

"정말로, 오늘, 지금 당장, 당신에게 시를 한 편 낭송해 주고 싶어요. 어젯밤에 기억이 난 시야─갑자기 떠오른 이유를 하느님은 아시려나. 『유르크 예나치(*Jürg Jenatsch*)』를 쓰기도 했던 스위스 시인 콘라트 페르디난트 마이어(1825~1898)가 쓴 시예요. 이제 앉아서 미미를 무릎에 올린 다음, 내가 큰 소리로 글을 읽어줄 때마다 짓곤 했던 그 얌전하고도 순한 표정을 지어봐요. 이제 됐어. 쉿!

후텐의 고백

지금 여기 나는 무덤, 내 무덤을 가로질러 걷네.
후텐, 이제 당신도 고백을 하지 않겠는가?
훌륭한 그리스도인의 관습이지. 나는 가슴을 칠 것이다.
아무런 죄책감도 없는 사람이 대체 있을까?
뒤늦게 깨달은 사명감으로 후회하든,
내 심장이 충분히 뜨겁게 달아오르지 않았음을 후회하든,
전투에 임했을 때
좀 더 날카로운 일격을 가하고 더한 열정을 지니지
못했음을 후회하든,
물러났던 단 한 번의 순간을 후회하든,
인간 본연의 공포를 자주 알아챘음을 후회하든,
아무런 상처도 입히지 못한 날을 후회하든,
아무런 갑옷도 걸치지 못했던 시간을 후회하든,
이겨냈어도 여전히 회한을 품은 채 후회하네
세 배는 더 예리하고 대담하지 못했음을.

내 무덤 위에 이 시의 마지막 부분을 써줄 수 있겠죠… 마틸데, 내 말 진지하게 받아들인 거예요? 휴, 그냥 웃어봐요. 내 무덤엔 내가 그렇게 살아왔듯이, 잘난 척하는 글귀는 없을 거야. 묘비에는 딱 두 글자만 새기게 할 거예요. '쩩쩩.' 푸른박새가 내는 울음소린데, 내가 하도 똑같이 흉내를 내다 보니 박새들이 다들 한달음에 모여들 정도라니까. 상상해 봐요. 마치 쇠바늘이 찰그랑 반짝이며 내는 소리처럼 맑고도 가냘픈 그 울음소리에서 며칠 전부터는 나지막하고도 작은 떨림이 느껴져. 자그마한 가슴에서 나오는 소리 말야. 야코프 양, 내 말 무슨 뜻인지 알아요? 그건 바로 다가오는 봄이 만들어내는 잔잔한 첫 울림이에요." Luxemburg, *Letters*, pp. 372~373.

위기 시대에 생각나는 첫 사람,
로자 룩셈부르크

장석준_글로벌정치경제연구소 기획위원

일제 식민지 시절이던 1927년에 조선프롤레타리아예술동맹(KAPF) 소속 작가 포석 조명희(1894~1938)는 사회주의 운동가가 주인공인 단편소설 「낙동강」을 발표했다. 이념도 이념이지만 가슴을 에는 서정성으로 지금도 우리를 감동시키는 이 소설의 여자 주인공은 '로사'다. 한국인에게는 낯선 이름이다. 8년 전 비운의 죽음을 당한 여성 혁명가 로자 룩셈부르크를 기리며 붙인 이름이었다.

로자 룩셈부르크는 1871년에 태어나 1919년에 세상을 떠난 폴란드 출신 사회주의자다. 지금으로부터 100년 전 사람이다. 비슷한 시기에 태어난 인물로는 당대에 혁명적 사회주의자로 쌍벽을 이뤘던 블라디미르 일리치 레닌(1870년생)이 있다. 한국사에서는 이승만(1875년), 김구(1876년), 안창호(1878년)가 1870년대 생이다. 한 세기의 거리감이 이들과 우리 사이를 가른다. 그렇기에 왜 하필 21세기에 로자 룩셈부르크를 다시 주목하는 것인지 고개를 갸우뚱할 수 있다.

사회주의 사상가이자 정치가였다는 것만으로는 이유가 되기 힘들다. 레닌을 비롯해서 로자의 동년배 유럽인들 사이에서는 사회주의자가 된다는 게 그다지 드문 일은 아니었다. 이 시대에 사회주의 운동가나 문필가라 불릴 만한 사람들은 수도 없이 많았다. 웬만큼 독창적이지 않고서는 사상사 연구자 이외의 사람들에게 기억되기 쉽지 않다.

그러나 로자는 기억되고 있다. 단지 이름이 망각되지 않았을 뿐만 아니라 역사의 중대한 전환기마다 항상 새롭게 재발견·재해석된다. 세대가 바뀌어도 그에 대한 존경과 애정은 거듭 부활한다. 역설적으로 이는 그가 사회주의자이면서도 항상 당대 사회주의의 주류로부터 비껴나 있었기 때문이다. 그는 자본주의뿐만 아니라 동시대 사회주의 운동의 한계와 모순까지 예리하게 비판하며 항상 그 너머를 내다보려 했다. 이로 인해 그의 사색과 실천, 성취와 고뇌는 마치 바로 지금 우리에게 말을 거는 듯 지극히 현대적이다.

주류로부터 비껴난다는 것은 로자에게는 선택이 아니라 숙명이었다. 그는 도저히 주류에 낄 수 없는 존재였다. 체제에 거역하는 사상·운동인 사회주의 안에서마저 말이다. 우선 그는 여성이었다. 그의 시대에 여성은 참정권이 일체 없었다. 로자처럼 정당에 가입해 공공연히 활동하면 형사처벌을 받을 수도 있었다. 여성은 시민이 아니었던 것이다. 다음으로 그는 폴란드인이었다. 이때 유럽 지도에는 폴란드라는 나라가 없었다. 지금의 폴란드 지역은 러시아령이거나 독일제국 혹은 오스트리아헝가리제국의 영토였다. 일제하의 조선 민중 같은 처지였다. 게다가 그는 '유대계' 폴란드인이었다. 피억압 민족 안에서도 소수자 신세였다. 이것으로 끝이 아니다. 로자는 장애인이기도 했다. 어린 시절 이상 증세로 평생 다리를 절었다. 비주류의 조건이라는 조건은 모두 다 갖춘 셈이었다.

로자가 처음 세상에 이름을 알린 것은 독일 사회민주당의 노선 논쟁에 목소리를 내면서였다. 본래 로자는 폴란드 사회민주당원으로서 독일령 폴란드 지역 노동자들을 조직하기 위해 독일로 이주했다. 신생 폴란드 사회민주당에게 독일 사회민주당은 유럽 진보 정당들 중 가장 앞서 발전한 존경스러운 맏형 같은 존재였다. 폴란드 사회민주당원이 독일 사회민주당 이론가들에게 이념과 노선에 대해 훈계한다는 것은 상상하기 힘든 광경이었다. 그러나 로자는 그렇게 했다. 그때 그의 나이는 불과 27살이었다.

흔히 '수정주의 논쟁'이라 불리는 독일 사회민주당 내 논쟁은 실은 이 당의 비약적 성장에서 비롯된 것이었다. 사회민주당은 선거를 치를 때마다 의석을 늘려서 1890년부터는 이미 원내 제1당이 돼 있었다. 당 강령은 당의 궁극 목표가 자본주의를 폐지하는 사회주의혁명이라고 천명했지만, 현실에서 당은 점점 더 의회 안의 협상과 타협에 주력했다. 사회민주당 이론가들 중 에두아르트 베른슈타인은 당이 실제 하고 있는 일이 사회를 바꾸는 유일한 길임을 인정하고 강령의 혁명 전망을 '수정'하자고 주장했다(그래서 '수정주의'였다). 당의 얼굴이라 할 수 있는 지도자 아우구스트 베벨과 그를 뒷받침한 이론가 카를 카우츠키는 이러한 베른슈타인의 주장이 당론에 어긋난다고 판정하면서 기존 강령을 고수했다. 거대한 사회민주당의 대오를 유지하기 위해 당 내 온건파와 급진파의 균열을 봉합하려 한 것이다.

로자는 베른슈타인의 수정주의에 반대하는 입장이었다. 그는 나중에 『사회 개혁이냐 혁명이냐』라는 제목으로 묶여 나온 논설들을 통해 베른슈타인을 혹독하게 비판했다. 하지만 그렇다고 베벨-카우츠키의 태도에 만족한 것은 아니었다. 그가 보기에 이 논쟁은 독일 사회민주당이 부딪힌 궁지를 여실히 드러내는 것이었다. 비록 사회민주당의 외형은 성장했지만, 당은 독일 사회를 어떻게 변화시킬지 길을 찾지 못하고 있었다. 베른슈타인파는 의회 활동으로 사회를 조금씩 바꿔나가자고 했지만, 당시 독일은 아직 보통·평등선거도 실현되지 않은 형편이었다(여성에게 선거권이 없었을뿐더러 주의회 선거에서는 귀족, 부유층이 나머지 유권자보다 더 많은 대표자를 뽑는 계급별 투표를 실시했다). 베벨-카우츠키파는 강령 속 혁명 문구를 신주단지처럼 모셨지만, 다음 번 선거에서 더 많은 의석을 쟁취하자는 것 외에 지금 뭘 해야 할지는 제시하지 못했다. 이방인이었던 로자는 사회민주당 스스로 외면하는 이 당의 민낯을 감히 폭로했고, 시급히 대안을 마련해야 한다고 다그쳤다.

로자가 제시한 대안은 민주개혁을 요구하는 정치 총파업이었다. 1905년 러시아에서는 차르 독재에 맞선 민주주의혁명이 일어났다. 혁명 와중에 노동조합원뿐만 아니라 미조직 노동자, 농민, 학생, 중간층까지 정치 파업에 동참했다. 로자는 러시아령 폴란드로 돌아와 투쟁에 뛰어들면서 이를 직접 목격했다. 그는 이러한 투쟁 양상을 분석해 『대중파업론』이라는 책을 썼다. 1905년 러시아혁명 자체는 민주주의를 달성하지 못한 채 미완성으로 끝났지만, 로자는 이 혁명이 남긴 대중 파업 경험에서 독일 사회민주당을 위한 대안을 찾았다. 대중 파업은 러시아만의 현상이 아니다. 독일에서도 보통·평등선거를 정치 총파업을 통해 쟁취하자, 투쟁 과제 자체는 혁명이 아니라 개혁을 요구하는 것이지만, 이 투쟁 과정에서 혁명을 추진할 능력을 지닌 단련된 노동 대중이 등장할 것이다. 로자는 정치 총파업 전술을 통해 당면 개혁 투쟁과 미래의 혁명 전망이 서로 얽히며 발전해 나갈 것이라 믿었다.

이러한 로자의 제안은 한때 사회민주당의 당론으로 채택되기도 했다. 그러나 정치투쟁을 두려워한 노동조합 간부들의 반대로 1년 만에 폐기되고 만다. 로자로서는 더없이 실망스러운 결과였다. 그는 어느덧 폴란드 사회민주당보다는 독일 사회민주당에 더 깊숙이 발을 들여놓고 있었다. 하지만 이 당에서 자신의 전망을 펼치기에는 중심에서 너무 비껴나 있었다. 역설적이게도 그 덕분에 로자는 이론가이자 교육가로 활동할 시간을 벌 수 있었다. 그는 사회민주당 학교의 정치경제학 교수가 돼 독일 사회주의·노동운동의 차세대 지도자들을 육성했다. 그러면서 마르크스의 『자본』 이후 사회주의 진영에서 나온 정치경제학 방면의 첫 번째 대작 『자본의 축적』을 집필했다.

이 책에서 로자는 비주류 사회주의자의 독특한 안목을 다시 한 번 발휘했다. 이 책은 자본주의가 스스로를 재생산하는 과정에서 부딪칠 수밖에 없는 모순을 분석했는데, 여기에서 로자가 동원한 연구 방법은 이후 많은 논란을 불러일으켰다. 그러나 더 중요한 것은 이 책의 분석을 통해 로자가 내놓은 정치적 결론이었다. 이때는 대다수 사회주의자들조차 유럽 자본주의의 발전을 역사 진보와 등치시키며 찬양하고 있었다. 이들은 유럽이 발전하면 할수록 미래 사회주의의 토대가 튼튼해질 것이라고만 생각했다. 하지만 로자는 『자본의 축적』에서 자본주의 발전은 반드시 비자본주의 지역의 폭력적 수탈을 전제한다고 주장했다. 유럽 국가들의 번영 이면에는 제국주의의 식민지 수탈이 있다는 것이었다. 로자는 유럽 사회주의자들이 자국의 발전을 자랑스러워할 게 아니라 식민지 민중과 연대해 제국주의에 맞서 싸워야 한다고 주장했다. 그 시대 유럽인들에게는 아직 참으로 낯선 주장이 아닐 수 없었다.

제국주의는 유럽 바깥의 민족들만 짓밟는 게 아니었다. 유럽인들 역시 피의 구렁텅이로 내몰리고 있었다. 패권 경쟁을 벌이던 유럽 열강들이 세계 곳곳에서 서로 충돌하기 시작했다. 1910년대가 되면 이미 누구나 열강들 사이의 전쟁을 예감하고 있었다. 전쟁은 자본주의가 인류에게 강요하는 야만의 절정이었다. 만일 판도라의 상자처럼 이 야만이 인간 세상으로 풀어헤쳐진다면 이후에 인류 문명이 어디까지 추락할지는 짐작도 할 수 없는 일이었다. 로자의 눈에는 이게 너무도 뚜렷이 보였다. 문명 자체의 붕괴를 막기 위해서도 하루빨리 대전환을 감행해야 할 때였다. 그래서 로자는 부르짖었다. "선택하라, 사회주의냐 야만이냐!"

로자는 전쟁을 획책하는 독일 군부에 온몸으로 맞섰다. 군대 내 가혹 행위를 폭로해서 군 사령부를 비판하는 여론전을 펼쳤다. 제국의회 의석의 3의 1을 차지하고 100만 당원을 자랑하는 사회민주당 집행부조차 군부와 척을 지길 두려워하는 상황이었다. 하지만 로자는 더 큰 공포의 지배에 대적하기 위해 이 공포의 선을 넘었다. 1914년 6월 말에 오스트리아헝가리제국의 황위 계승자인 프란츠 페르디난트 대공 부부가 세르비아 청년에게 암살당해 제1차 세계대전의 도화선에 불이 붙었을 때 로자는 군대 내 인권 캠페인 때문에 법정에 서 있었다. 어느새 전쟁의 해일에 맞서는 예언자 역할을 떠맡게 된 그는 20여 년간 사랑과 열정을 쏟아온 자신의 당이 의회에서 전쟁 예산에 찬성하는 것을 바라봐야 했다.

그러나 절망할 여유조차 없었다. 로자는 1914년 말 차기 연도 전쟁 예산에 유일하게 반대표를 던진 카를 리프크네히트 의원과 함께 반전 투쟁에 돌입했다. 이 투쟁을 책임지기 위해 '스파르타쿠스단'이라는 명칭의 당 내 당도 조직했다. 어떤 탄압도 각오한 투쟁이었고, 실제로 로자는 감옥에 갇혔다. 이때 그가 감옥에서 친구들에게 띄운 편지는 세상을 뒤덮은 학살의 광기에 홀로 맞선 한 인간의 처절하면서도 고귀한 모습을 증언한다.

1917년 옥중의 로자에게 희망과 용기를 주는 소식이 전해졌다. 참전국 중 하나인 러시아에서 혁명이 일어난 것이다. 그것도 이번에는 사회주의혁명이었다. 로자는 당연히 이 혁명을 반겼다. 그러나 놀랍게도 이게 그의 반응의 전부는 아니었다. 이번에도 비주류의 예리한 시선은 현실의 모순을 놓치지 않았다. 로자는 러시아 사회주의혁명에 불길하게 드리운 잘못된 선택과 오류의 그림자를 여지없이 파헤치고 경고했다.

훗날 『러시아혁명 비판』이라는 제목으로 출판될 원고에서 그는 볼셰비키가 민주주의를 사회주의의 필수적 토대가 아니라 단지 여러 수단들 중 하나 정도로 치부하는 것을 비판했다. 사회주의 없이 민주주의 없을뿐더러 민주주의 없이 사회주의도 없는 것이었다. 그런데 볼셰비키는 프롤레타리아 권력을 유지하기 위해 어쩔 수 없다며 제헌의회 소집도 무기한 연기했고 야당 활동도 금지했다. 로자는 대중의 활발한 공개적 정치 활동이 중단된다면 결국 관료 독재가 들어서고 말 것이라고 경고했다. 로자의 예언은 정확히 들어맞았다. 70년 뒤 소련이 무너질 때 사람들은 로자의 책을 가장 먼저 꺼내들고 다시 읽으며 전율해야 했다.

결국은 어떠한 비판도 꺼리지 않는 로자의 이러한 지성과 용기가 그의 삶을 단축시켰다. 1918년 11월 드디어 독일혁명이 일어났지만, 수십 년 동안 혁명을 이야기했던 사회민주당은 오히려 군부와 야합해서 노동 대중의 전진을 가로막았다. 이런 그들에게 가장 눈엣가시는 카를 리프크네히트와 함께 공산당을 새로 창당해서 혁명의 불길을 이어가려 한 영원한 비주류 로자 룩셈부르크였다. 1919년 1월 사회민주당이 장악한 임시정부는 일부러 젊은 혁명가들을 자극해서 베를린에 시가전을 유발한 뒤 이를 빌미로 공산당 집행부를 불법 납치했다. 로자는 설익은 대결을 감행하려는 젊은 당원들을 만류하며 마지막 순간까지 이성의 목소리를 대변했지만, 비극을 막지는 못했다. 1월 15일 그는 리프크네히트와 함께 학살당했다.

오늘날에도 1월 15일이면 베를린에서는 로자 룩셈부르크와 카를 리프크네히트를 기리는 집회가 열린다. 매년 빠짐없이 개최되는 행사이지만, 2008년 세계경제 위기 이후로는 그 의미가 남다르다. 로자의 죽음 이후로도 한 세기 더 지속된 자본주의는 그때와는 또 다른 규모와 맥락에서 야만의 판도라 상자를 열고 있다. 전쟁 위기는 말할 것도 없고 이번에는 전 지구적인 생태계 위기까지 밀려오고 있다.

역사의 중심 흐름 바깥에서 그것의 파괴성을 꿰뚫어보며 "사회주의냐 야만이냐"는 선택을 재촉했던 로자의 목소리는 100년 전 사람들에게는 너무 앞서가는 예언자의 외침이었을지 모른다. 그러나 지금 우리에게는 너무도 절실한 당대의 경고로 다가온다. 『레드 로자』를 통해 로자 룩셈부르크의 기억을 되새기고 우리모두 그가 보여줬던 저항과 모색의 자세를 수백만, 수천만의 삶으로 반복해야 할 이유가 여기에 있다.

편집자 후기

폴 불_브라운대학교 전 교수

이 만화를 보고 난 독자는 자연히 다음에 무슨 일이 일어났는지 알고 싶어질 것이다. 다시 말해, 그녀가 죽은 지 거의 한 세기가 지난 오늘날 로자 룩셈부르크의 유산이 사회주의자들의 역사 속에 어떻게 얽혀 들어갔고 또 급진주의자들을 어떻게 연합시키고 있는지 궁금해질 것이다. J. P. 네틀의 기념비적인 전기 작품 제2권을 보면 마지막 부분에 그녀가 암살당하고 30여 년이 흐른 뒤 후대에 어떤 역할을 해내고 있는지에 관한 간략한 이야기가 나온다. 흥미로운 여러 자세한 일화를 알고 싶은 독자라면 그 부분을 참고할 만하다. 그러나 룩셈부르크가 죽은 뒤 1년여 만에 벌어진 두 가지 놀라운 사건이 있었고, 그로써 그녀의 생애와 저작에 대한 총체적 기억이 완성되어 오늘에 이르고 있음을 언급할 필요가 있을 것 같다.

한편, 1920년에 출간된 『친구들에게 보내는 편지(*Brief an Freunde*)』는 스물두 장의 편지와 엽서를 엮어 만든 작은 책으로, 엄청난 반향을 일으켰다. 공산주의자들뿐 아니라 사회주의자들과 자유주의자들까지도 이 역사적 인물이자 뛰어난 문학적 인사에 열광하며 독일 문화 속으로 포섭시키고자 했다. 생전 그녀가 꿈도 꾸지 못했을 상황이다. 출판사는 그녀의 글을 소개하면서 독자들과 지지자들에게 "이 여성이 어떻게 자신의 고통을 다 이겨내고 우뚝 서서 넉넉한 사랑과 진정한 시적 능력으로 모든 피조물을 포용했는지, 새의 노래를 듣고 얼마나 가슴이 뛰었는지, 그녀의 영혼 속에서는 생명력과 기쁨의 곡조가 어떻게 울리고 있었는지, 친구들 인생의 운명적 사건들과 일상의 일들 모두의 비밀을 그녀가 어떻게 지켰는지 알 권리가 있다"고 적고 있다.

다른 한편으로 좌파 진영 내에서는 그녀가 죽자마자 그녀의 유산을 두고 건설적이지 못한 정쟁이 벌어지기 시작했다. 생전 그녀는 '룩셈부르크파(Luxemburgites)' 같은 것은 존재하지도 않고 존재할 필요도 없다고 주장했지만, 그녀의 뜻과는 정반대로 그녀가 인정했을 법한 권위를 두고 곧바로 정쟁이 시작됐다. 지하조직 KPD(독일공산당)는 비밀리에 조직을 구성하려는 과정에서 룩셈부르크를 거의 모든 이론의 주체이자 혁명 투쟁의 영감으로 받아들였다. 모스크바의 지배적 영향으로 인해 이러한 노력은 다양한 목적에 맞게 억지로 왜곡되고 이용됐다.

로자 룩셈부르크가 레닌주의를 비판한 내용을 재출간하는 과정에서, 파울 리바이를 비롯한 그녀의 열렬한 추종자들이 배제된 것은 어쩌면 당연했다. 레닌이 직접 그녀의 '오류'를 열거하면서도 한편으로는 그녀를 혁명을 이끄는 '독수리'라 칭송했던 것은 유명한 일화다. 난관에 처했던 코민테른*의 입지도 달라졌다. 로자 룩셈부르크는 "마음을 바꾸고" 러시아혁명을 지지하면서부터 프롤레타리아독재를 지지했던 것으로 보인다. 이 견해에 대한 클라라 체트킨의 굴복이 로자와 클라라 모두를 알았던 친구들 다수의 눈에는 개인적·정치적 차원의 배신으로 비쳐졌다.

룩셈부르크—진짜 룩셈부르크—의 생애와 글이 감정에 대한 호소나 조직된 역사적 서사로서는 동원되지만 이제 더 이상 중심부에 있지 않다는 것이 적절한 표현일 것이다. 독일 좌파 진영 내에서 그녀의 유산을 두고 몸싸움이 반복되고, 트로츠키 및 트로츠키주의가 코민테른 신진 기수들의 적으로 지목되면서, 그녀는 이데올로기적 적이 돼버렸다. 독일 내에서조차 그녀는 볼셰비키 이론과 실천의 이단자가 되었다. 일탈자에 불과하다는 노골적 폄하를 받았으나, '자발성'에 대해 그녀가 보였던 믿음이 공산당의 규율과 조직 방식의 구축을 대신하게 되면서 레닌 사후 스탈린에게 그녀는 쓸모 있는 유령이 된다. 레닌 시대에는 레닌주의가 유일하게 유효한 마르크스주의로 인정받았다. 때문에, 기껏해야 '역사적'이었던 룩셈부르크의 활동과 사상은 이제 시종일관 의심을 받기에 이르렀다. 1931년에는 스탈린이 직접 나서서 그 과정에 마침표를 찍었다. 룩셈부르크는 본래 뜻이 없었으나 독일의 볼셰비키들의 강요에 의해 전쟁을 옹호하는 보수적인 사회주의자들과 대립각을 세울 수밖에 없었던 것이라고 설명한 것이다. 독일에서만 그런 것은 아니었지만 유독 독일에서 룩셈부르크주의는 변절한 사민당원들로 이루어진 황색 인터내셔널**로의 회귀를 상징했다.

* 공산주의인터내셔널의 약칭. 전 세계 노동자들의 국제적 조직으로 제3인터내셔널이라고도 한다. 제1차 세계대전으로 제2인터내셔널이 와해된 후, 레닌의 지도하에 1919년 모스크바에서 창립되었다.

** 개량주의적 입장을 비판하는 쪽에서 국제노동조합연맹을 지칭하는 명칭.

로자 룩셈부르크를 정치적 상상의 소산으로 만들고 나선 것은 스탈린주의만이 아니었다. 더 근접한 예를 들자면, 레온 트로츠키의 추종 세력이 (장시간에 걸쳐 더 많은 이들이 활동했던) 미국을 제외한 유럽 각지에서 그녀의 대의를 받아들였다. 간행물에 게재되는 글들마다 그녀를 위대한 지도자로 칭했다. 그녀가 살아 있다면 분명 트로츠키의 생각에 동의하고 그의 전략을 지지했으리라는 것이다. 트로츠키는 '자발주의자들', 즉 룩셈부르크를 따른다고 자처하면서도 전위당(Vanguard Party)에 대한 믿음은 없었던 프랑스의 젊은 사회주의자들을 맹비난하며 직접 나서서 격론을 벌였다. 이 사이비 아나키스트들의 정체를 밝힐 필요가 있었다. 이들은 로자 룩셈부르크의 유산을 왜곡하고 그로부터 일탈한 무리였기 때문이다. 실제로, 그녀는 트로츠키주의자들에게 한층 더 중요한 존재가 된다. 스탈린과 스탈린주의가 그녀에게 이미 등을 돌린 바 있었기 때문이다. 그럼에도 불구하고 개혁 성향의 사회주의자들과 좌파 사회주의자들(대개 청년운동)은 트로츠키 추종 세력과 함께 순교에 동참했다. 구시대 좌파의 운동이 전반적으로 쇠퇴하면서, 로자를 추종하는 세력 일부와 점차 연합하는 경향을 보였다.

그렇기는 하나, 룩셈부르크의 글이 가장 빈번하게 반복해 실린 곳은 세계 각지의 트로츠키 운동 관련 잡지나 팸플릿이었다. 물론, 그녀의 전작 가운데 각 부분을 골라 담은 축소판의 형태였다. 1950년대와 1960년대 초, 스탈린주의에 대한 환멸이 확산되기 시작했다. 반유대주의적 제도와 강제노동수용소에 관한 소문이 떠돌았다. 1956년 헝가리혁명이 발발하고 소비에트 의회에서 러시아 지도자 니키타 흐루쇼프가 직접 스탈린을 비판하고 나서면서, 로자 룩셈부르크의 명성은 되살아나게 됐다. 그러한 열렬한 관심을 보이기 시작한 전 세계 곳곳의 구석진 곳 가운데서도 가장 구석진 곳이 한동안 룩셈부르크의 팸플릿을 영어로 찍어내는 주요 배출구가 된다. 영국 식민지였다가 훗날 스리랑카의 땅이 된 실론 섬에서는 주요 좌파 독립 정당이 거의 존재조차 없던 제4인터내셔널—트로츠키 국제조직—소속을 자처하며 그녀의 글을 대중교육용으로 재출간하고 나섰다. 실론 섬에서 뉴욕의 사회노동당으로 발송된 이 인쇄물은 그 후 북아메리카 지역을 중심으로 배포되기 시작했으며, 그 이후 주로 청년 운동가들을 중심으로 더 광범위하게 퍼져나갔다.

네틀의 저서들에서 일부 영감을 받은 것이 분명한 유럽, 미국, 캐나다의 신좌파는 1960년대 중반부터 로자 룩셈부르크를 여성으로, 그리고 정치, 인생, 사랑에 있어 거침없는 페미니스트, 좌파의 모범, 혁명적 영웅으로 다루기 시작했다. 미국에서는 아나키스트의 우상인 엠마 골드만에 나란히 놓여 비견되기도 했다. 그런 식의 짝짓기를 두 인물이 실제로 보았다면 틀림없이 불편하게 여겼을 것이다. 특히 1910년대 아나키스트들과 사회주의자들 사이의 갈등을 떠올려보면 더욱 그렇다. 독일 및 유럽 몇몇 지역에서 벌어지는 신좌파의 행진이나 시위에서는 1920년대 초에 처음 등장한 이래 룩셈부르크의 이름과 얼굴이 찍힌 깃발이 휘날리곤 했다. 새로운 대학 캠퍼스들이 우후죽순 생겨나기 시작하던 미국에서 특히 소수의 교수들 그리고 교과서를 만드는 페이퍼백 시장도 (다소 차이는 있으나) 그러한 맥락과 무관치 않은 입장을 취했다. 일부 저명한 학자들의 손에서 로자 룩셈부르크는 스탈린이 왜곡시킨 인물로 거듭났다. 사회민주주의자였던 그녀가 '민주주의'에 대해 품었던 믿음은 이제 현대의 개혁된 자본주의를 아우르는 것이며, 그녀는 러시아식 공산주의뿐 아니라 직접행동을 의제로 삼는 제3세계 혁명운동에 대해서도 반대했으리라는 것이었다.

이러한 견해는 1970년대 초에 들어서면서 흥미로운 방식으로 확장, 변형되었다. 신좌파 일각에서는 총파업에 관한 로자 룩셈부르크의 글에서 사실상의 노동조합주의 공식을 찾아냈다. 아파르트헤이트*가 한창이던 남아프리카 지역에서도 근거가 불충분한 이런 유사한 방식의 흥미로운 수용 혹은 응용이 이루어진 바 있었다. 1950~80년대 압제적인 국가에 맞서 아프리카민족회의가 투쟁을 전개하는 동안, 노련한 운동가들은 총파업의 물결이 반복될 때마다 로자 룩셈부르크의 글이 널리 참고가 되었음을 알린다. 룩셈부르크가 이미 반세기 전에 주장했던 사실이지만, 파업이라는 행위 자체는 국가에 대한 공격일 수밖에 없음을 깨달았다. 레닌주의 자체에 대한 그녀의 비판이 재조명된 것은 주로 남아프리카공산당 당수 조 슬로보에 의해서였으나, 이는 동구권 몰락 이후 들어서였다.

한편, 신좌파 세대는 학자층으로 성장했고, 갓 번역된 로자 룩셈부르크의 글들이 여기저기서 출간되기 시작했다. 독일어뿐 아니라 영어로도 출간되었으며 관련된 글들 수십 편에 이어 수백 편이 연이어 쏟아졌다. 그녀를 따르는 이들은 대체로 좌파로 총칭할 수 있을 것이다. 어떤 집단이나 특정한 사상 체계에 국한되지는 않는다. 이러한 분위기는 여러 곳에서 개봉되어 많은 관객을 모았던 마가레테 폰 트로타 감독의 1986년 작 「Die Geduld der Rosa Luxemburg(영문 제목 Rosa Luxemburg)」을 본 '예술영화' 관객들에 의해 한층 더 확산되었다.

21세기 들어 더 젊은 세대가 등장하면서 이러한 흐름은 지속되고 대중적 인지도 상승했으며 이는 특히 당시 세계 전역을 휩쓸고 있던 긴축 반대 운동과 맞물렸

* 인종차별적 분리 정책.

227

던 것으로 보인다. 제국의 팽창은 자본주의에 대한 구제이자 전 지구적 파멸이라는 그녀의 주장은 그녀의 사상과 삶에 매료됐던 급진주의자들이 보기에 더할 나위 없이 중요한 생태주의적 통찰이다. 폴 스위지부터 사미르 아민에 이르기까지 마르크스주의 경제학자들은 『자본의 축적』을 필두로 한 로자 룩셈부르크의 연구 내용에서 나날이 위험해지는 상황에 관한 대단히 중요한 통찰을 발견했다. 오늘날 마르크스주의 이론가로서 가장 각광받는 데이비드 하비가 최근 생태, 계급, 제국 사이의 관계에 관한 룩셈부르크의 견해를 특별히 조명했다.

물론, 그녀의 기억에 관한 독일의 시각은 특수한 것이다. 서독 측에서 로자 룩셈부르크의 정치적 유산을 주로 주장하고 나선 것은 룩셈부르크가 정치 활동을 하는 동안 거의 내내 속해 있었던 사민당의 좌익, 그리고 사민당과 느슨하게 연대하던 독일 사회주의청년동맹(SJD—Die Falken) 측이었다. 수십 년간 이 조직은 로자 룩셈부르크와 카를 리프크네히트를 '국제주의, 반군국주의, 정의, 급진민주주의의 이상에 토대를 둔 사회주의'의 양대 산맥으로 내세워오고 있다.

동독은 건국 당시 룩셈부르크를 최고의 순교자로 내세울 수밖에 없었다. 거리 이름이나 종종 있는 공식 선언문에 그녀의 이름을 등장시켰다. 국가 차원에서 열렬한 반응을 내보인 것은 아이러니였다. 룩셈부르크와 리프크네히트가 암살당한 1월마다 기념 행진이 열리는데, 1988년 소수의 사람들이 룩셈부르크가 남긴 "다르게 사유하는 자에게 자유를 허락하라(Freiheit für Andersdenkende)"라는 말이 적힌 팻말을 들면서 새로운 의미가 더해졌다. 그런가 하면 '자유선거(Freie Wahlen)'나 '동독 감옥에 갇힌 룩셈부르크' 같은 글귀도 눈에 띄었다. 물론, 경찰에 의해 해산 당하곤 했다. 그러나 그 끝은 스탈린주의에 가까웠다. 룩셈부르크에 대한 기억은 1990년 로자 룩셈부르크 재단이 설립되면서 이미 변화가 일기 시작했다. 좌파 당의 창설과 선거 상황으로 인해 로자 룩셈부르크 재단은 전 세계적 변화를 이끌 조용한 저력을 갖출 수 있었고, 이는 이 책이 만들어지는 데 중요한 영감으로 작용하기도 했다.

여전히 이야기는 남아 있으며, 출간된 자료들과 운동가들의 입에서 입으로 전해진 역사를 통해 이루어질 작업도 여전히 많이 남아 있다. 어느 부분 하나 쉽게 일반화할 수 없는 이야기다. 작가이자 편집자로서 우리 작품 역시 끝없이 이어지는 그 긴 이야기의 일부라고 생각한다. 로자 룩셈부르크 재단과 그녀의 글과 편지를 펴내온, 그리고 다수의 출간을 계획 중인 버소출판사의 방대한 프로젝트는 여전히 진행형이다.

감사의 말

편집자의 말

로자 룩셈부르크라는 인물을 이해하는 데 필요한 정보와 통찰을 제공해 준 팔로 조던에게 감사를 전한다. 학문적 조언과 더불어 격려를 아끼지 않았던 룩셈부르크 연구자 피터 후디스와 케빈 앤더슨이 큰 힘이 돼주었다. 버소출판사의 편집자 앤드류 샤오, 그리고 로자 룩셈부르크 재단 뉴욕 지부를 총괄하고 있는 알베르트 샤렌베르크에게도 특히 감사를 전한다.

작가의 말

로자 룩셈부르크의 생애에 빠져 지낼 수 있었던 것은 내게 큰 기쁨이자 영광이었고, 내가 표현한 내용이 그녀를 제대로 다룬 것이기를 소망한다. 이 책이 나올 수 있게 해준 로자 룩셈부르크 재단의 알베르트 샤렌베르크와 버소출판사의 앤드류 샤오에게 감사를 전한다. 내게 처음으로 이 작업을 제안한 세스 토보크먼에게는 반드시 한잔 제대로 살 생각이다. 로리 캐슬은 로자에 관한 모든 것에 있어 기준이 되어주었으며, 학문적으로나 실질적으로 많은 도움을 준 틸 벤더, 헨리 홀랜드, 요른 슈트룸프, 홀거 폴리트에게 마음 깊이 감사한다. 카우츠키가 살았던 집을 보여준 사회주의청년동맹과 19세기의 인쇄술을 시연해 준 독일 과학기술박물관의 크라메르 씨에게도 큰 빚을 졌다. 린다 맥퀸은 매의 눈으로 원고의 오탈자를 짚어내 주었다. 헤미 윌킨슨은 조류에 관해 조언해 주었고, 야생동물에 대해서는 피파가, 가정생활에 관해서는 레이첼 드레드와 린 비테일이 도움말을 주었다. 조이, 카이, 나딘, 개턴, 데니, 제니, 엘리, 체시를 비롯한 친구들에게 진심으로 감사를 전한다. 내 아이들이 많이 희생해 주기도 했지만 동시에 많이 어지럽혀주었고, 그럼에도 불구하고 에번스 자매들 덕분에 정신을 차릴 수 있었다. 그리고 남편 도나크 매케나, 당신의 변함없는 사랑과 열정 덕분에 이 작업을 무사히 마칠 수 있었어. 고마워.

주요 참고문헌

『레드 로자』는 만화이므로, 그리고 룩셈부르크에 대한 학문적 연구가 활발해지고 있는 중이므로, 여기서 우리는 현재 접근 가능한 영문 자료만을 언급하기로 한다. 그러나 룩셈부르크가 20세기 사회주의 운동의 핵심 인물이라는 점을 감안하면, 최근까지도 그 연구의 폭이 얼마나 좁았는지 깊고 넘어갈 필요가 있다. 친밀하게 지냈던 정치적 동지 파울 프뢸리히가 집필한 전기는 그녀에 대해 매우 생생하게 묘사하고 있다. 프뢸리히의 저작에 학문적 한계는 있을지 모르나, 여전히 필독서인 것만은 틀림없다.

그러므로 혹자는 대표적 학자인 J. P. 네틀이 쓴 두 권짜리 전기를 결정판—적어도 그 시기에는—이라 생각할 만하다. 900페이지가 넘는 엄청난 분량의 이 책은 주로 룩셈부르크 생전의 제2인터내셔널에 관해 주로 다루고 있고, 그녀의 내밀한 삶이나 개인적 혹은 정치적 성장, 특히 어린 시절에 대해서는 전혀 다루지 않았다. 이처럼 제한적으로 다루어진 이유는 명백하다. 룩셈부르크 연구자들의 입장에서는 오래도록 난제로 여겨질 만한 요소가 많았다. 폴란드 태생이라는 그녀의 배경도 그렇고, 폴란드 좌익 언론을 통해 소개된 초기 글과 활동은 독일 사회민주주의와 연계되어 있으면서도 동시에 독자적인 성격을 띠었기 때문이다.

1950~60년대 정치적 혼란과 여성해방운동으로 인해 로자 룩셈부르크의 작품과 생애는 새삼 학계의 주목을 받게 됐다. 엘즈비에타 에팅거가 쓴 『로자 룩셈부르크의 생애(Rosa Luxemburg: A Life)』는 내밀한 삶을 파고들고 있기는 하나, 그 과정에서 전기 작가의 창작이라고밖에 볼 수 없는 이야기로 공백을 메우고 있다. 현재 룩셈부르크 저작의 주요 연구자들 가운데 한 명으로 꼽히는 피터 후디스는 그 정도까지 파고들기 위해서는 폴란드어 및 러시아어 자료와 당시 독일의 좌익 정치에 대한 깊이 있는 지식을 갖추고 있어야 할 뿐 아니라, 마르크스 경제이론은 물론이고 경제학 전반에 관해 익히 잘 알고 있어야 한다고 지적한다. 그러므로 작가 여러 명이 팀을 이루어 진행해야 할 만한 작업이다.

제목이나 부제에 룩셈부르크의 이름이 등장하는 그간의 자료 대부분은 편향적이었던 탓에, 정확성이나 흥미가 떨어진다기보다는 1차 자료로부터 상당히 떨어진 거리에서 서술되었던 것이 특징이다. 영어로 쓰인 자료에 한정해 말하자면, 1970년대에 주로 이러한 기록이 등장하기 시작했고 그중에는 새로 번역한 내용을 포함하여 딕 하워드가 1971년에 펴낸 선집도 있었다. 로자 룩셈부르크가 기여한 바에 대해 다소 장황한 견해를 늘어놓은 라야 두나예프스카야의 글이라든가, 볼셰비즘의 한계를 넘어 그녀를 조망하고자 했던 노먼 제라스의 글이나, 1970년대 중반에 런던에서 출간된, 이탈리아의 좌파(그러나 공산주의자는 아닌) 지도자 렐리오 바소의 '재평가' 등이 있었다. 1959년에—이보다 3년 앞서 있었던 헝가리 혁명에 자극을 받은 면도 있음—영국의 트로츠키주의를 이끌던 토니 클리프가 동인지에 기고했던, 로자 룩셈부르크에 관한 글이 훗날 단행본으로 출간되어 여러 쇄를 거듭하기도 했다.

1960년대 다양한 운동으로 촉발됐던 희망이 점차 사그라지면서 룩셈부르크에 대한 논의도 중단됐던 것 같다. 또다시 소규모 토론의 영역에 방치됐던 셈이다. 아직 영어로 번역되지 않은, 1990년대 아넬리제 라시차의 저작은 당시 동구권 형성 이후 로자 룩셈부르크에 대해 전혀 새로운 시선으로 접근한 책이었다. 라시차의 책이 또 다른 이유에서 완전히 새로운 기준을 제시했음에 이론의 여지는 없다. 라시차는 기존에 입수하지 못했던 편지들을 다뤘고, 룩셈부르크의 서간집 편집에 참여하기도 했다. 피터 후디스와 케빈 B. 앤더슨을 비롯한 후대 연구자들이 여기에 기존에는 영문으로 배포된 적 없는 에세이들까지 추가 입수함으로써 로자 룩셈부르크의 생애와 저작을 특정 학문적 견해 입증에 필요한 정치적 해석의 주제로서가 아니라 그 자체로서 새로이 조망해 볼 수 있게 되었다.

엄선된 참고문헌들

주요 전기

- Lelio Basso, *Rosa Luxemburg: A Reappraisal*, 1984.

- Tony Cliff, *Rosa Luxemburg*, 1959, 1968, 1969, 1980.
- Raya Dunayevskaya, *Rosa Luxemburg, Women's Liberation and Marx's Philosophy of Revolution*, 1982.
- Elzbieta Ettinger, *Rosa Luxemburg: A Life*, 1988.
- Paul Frßlich, *Rosa Luxemburg: Her Life and Work*, 1939.
- Norman Geras, *The Legacy of Rosa Luxemburg*, 1976.
- David Harvey, *The New Imperialism*, 2003.
- Annelies Laschitza, *Rosa Luxemburg, Im Lebensrausch, trotz alledem: Eine Biographie*, 2000.

주요 선집

- Dick Howard, ed., *Rosa Luxemburg, Selected Political Writings*, 1971.
- Peter Hudis, ed., *Rosa Luxemburg, Complete Works, Vol. I-II*, 2014.
- Rosa Luxemburg, *Complete Works, Letters* (Verso, 근간).

웹사이트

- The Rosa Luxemburg Internet Archive
  rosaluxemburgblog.wordpress.com

레드 로자

만화로 보는 로자 룩셈부르크

그린이 · 지은이 케이트 에번스
편   집 폴 불
옮긴이 박경선
해   제 장석준
펴낸이 윤양미
펴낸곳 도서출판 산처럼

등   록 2002년 1월 10일 제1-2979
주   소 서울시 종로구 사직로8길 34 경희궁의 아침 3단지 오피스텔 412호
전   화 02-725-7414
팩   스 02-725-7404
E-mail sanbooks@hanmail.net
홈페이지 www.sanbooks.com

제1판 제1쇄 2016년 3월 20일
제1판 제2쇄 2021년 9월 1일

값 16,800원

ISBN 978-89-90062-65- 9 -03990

* 잘못된 책은 바꾸어드립니다.